FERNANDO FILONI

DAS HAUS WURDE VOM DUFT DES ÖLS ERFÜLLT

Für eine Spiritualität des Ordens vom Heiligen Grab

1. Auflage 2021

Hauptstraße 22, 88353 Kisslegg
Gestaltung: Renate Geisler
Umschlagbild: © Libreria Editrice Vaticana

Druck: Pustet, Regensburg

ISBN: 978-3-86357-305-8

FERNANDO FILONI

DAS HAUS WURDE VOM DUFT DES ÖLS ERFÜLLT

Für eine Spiritualität des Ordens vom Heiligen Grab

fe-medien
kisslegg

ORDO EQUESTRIS
SANCTI SEPULCRI
HIEROSOLYMITANI

EINFÜHRUNG

Oft fragen sich die Mitglieder des Ordens vom Heiligen Grab zu Jerusalem, ob die Teilnahme an dieser alten und edlen Institution eine spezifische „Spiritualität“ impliziert. Diese Frage ist sachdienlich, denn es handelt sich nicht um einen reinen Ehren-Ritterorden. Im Gegenteil, es ist eine aktive und lebendige Organisation mit einer Verantwortung und mit Verpflichtungen, die ihr nach und nach von den Päpsten übertragen wurden. Pius IX. hat ihn 1847 und 1868 neu organisiert. Später nahmen seine Nachfolger einige Änderungen vor und kümmerten sich um sein aggiornamento[1]. Darüber hinaus verlangt die Satzung selbst von ihren Mitgliedern,

[1] Er ist antiken Ursprungs und wurde von den Päpsten neu geordnet, vergrößert und mit Aufgaben und Privilegien ausgestattet: Leo XIII. (1888), Pius X. (1907, der den Titel des Großmeisters dem Papst selbst vorbehielt), Pius XI., Pius XII. (1940, der dem Orden 1949 einen Kardinal als „Großmeister“ gab), Johannes XXIII. (1962), Paul VI. (1977), Johannes Paul II. (der 1994 die selige Jungfrau Maria, „Königin von Palästina“ zu seiner Schutzpatronin erklärte). Die jahrhundertealte und wohlwollende Fürsorge der Päpste für die Bewohner des Heiligen Landes nahm während und nach den verschiedenen Kriegen des zwanzigsten Jahrhunderts in Palästina zu. Dies erklärt zum Teil die Möglichkeit, im Sinn der Päpste die Leiden der dort lebenden Menschen *unabhängig von ihrer politischen oder religiösen Zugehörigkeit* zu mildern (vgl. BENEDIKT XV., Ansprache *Antequam Ordinem*, 1919, Acta Apostolica Sedis [AAS] 11, S. 99-101; *Nobis Quidem,* 1921 AAS 11, S. 259; PIUS XI., *Gratum Nobis* (1923) AAS 15, S. 249-252; Apostolische Konstitution *Servatoris Jesu Christi,* 1925 AAS 17, S. 612).

dass sie die Praxis der Tugenden des Evangeliums pflegen[2]. Aus diesen Gründen werde ich versuchen, einige der bedeutsamsten Elemente der Spiritualität des Ordens zu vertiefen, indem ich auf ihre Wurzel hinweise. Doch zuvor möchte ich folgende Frage beantworten: Wer sind seine Mitglieder?

Zunächst muss darauf hingewiesen werden, dass der Apostolische Stuhl verschiedene Ritterorden und besondere Ehrenzeichen anerkennt und verleiht[3]. In Bezug auf den „Ritterorden vom Heiligen Grab zu Jerusalem" wird gesagt, dass diese Institution „unter dem Schutz des Heiligen Stuhls" (*sub collatio pontificale*) steht, als sollte damit betont werden, dass sein rechtlicher Status nicht nur der Ehre dient[4]. An der Spitze des Ordens steht der vom Papst ernannte Großmeister, dem das Großmagisterium zur Seite steht. Der Orden nimmt gläubige Laien, Männer und Frauen als „Ritter" und „Damen" auf, die den Wunsch bekunden,

[2] Die von Papst Franziskus am 11. Mai 2020 gebilligte Satzung, Art. 1.

[3] Das Päpstliche Jahrbuch 2020 erwähnt den Allerhöchsten Orden der Miliz Unseres Herrn Jesus Christus, den Orden vom Goldenen Sporn, den Pius-Orden, den Orden des Heiligen Gregors des Großen und den Silvesterorden. Darüber hinaus erwähnt es als Auszeichnungen das Verdienstkreuz *Pro Ecclesia et Pontifice* und die Medaille *Benemerenti*.

[4] In der Satzung heißt es in der Tat: „Aufgrund seiner Aktivitäten wirkt der Orden als zentrale Einrichtung der katholischen Kirche gemäß Artikel 11 des Lateranvertrags vom 11. Februar 1929" (Art.2 §1); und ferner: „Der Orden steht infolge seiner Natur und wegen seiner ausschließlich religiösen und karitativen Zielsetzung jeglicher Bewegung oder Veranstaltung politischen Charakters fern" (Art.2 §2).

dem Orden anzugehören. Er steht auch Geistlichen offen, insbesondere jenen, die sich für die Förderung des geistlichen Fortschritts all seiner Mitglieder einsetzen[5]. Der besondere Auftrag, den der Heilige Vater dem Orden übertragen hat, besteht darin, in der kirchlichen Gemeinschaft den Eifer für das Land Jesu zu wecken und dort die katholische Kirche und die christliche Präsenz zu unterstützen.[6]

Was bedeutet es also, eine Spiritualität zu haben? Was ist das Konzept des Lebens, der Überzeugungen, der Werte, der spezifischen Entscheidungen eines Ritters oder einer Dame des Ritterordens vom Heiligen Grab zu Jerusalem? Noch bevor wir auf dieses Thema näher eingehen, bei dem wir die damit verbundenen biblischen und ekklesiologischen Aspekte berücksichtigen, sollte deutlich gemacht werden, dass der Orden selbst der Berufung zur Heiligkeit seiner Mitglieder eine vorrangige Bedeutung beimisst und bestrebt ist, ein Instrument für die Entwicklung und Vertiefung des geistlichen Fortschritts eines jeden in der Umgebung zu sein, in der der Glaube mit seinem Inhalt praktiziert und gelebt wird. Wie Papst Franziskus gegenüber den Mitgliedern der Consulta betonte: *„Das ständige Wachstum des Ordens hängt gewiss von Ihrem unablässigen und stets neuen Engagement ab. In dieser Hinsicht ist es wichtig, nicht zu vergessen, dass die Hauptaufgabe Ihres Ordens im geist-*

[5] Vgl. Satzung, Präambel.
[6] Vgl. Satzung, Art.1

lichen Wachstum seiner Mitglieder besteht. Folglich kann der Erfolg Ihrer Initiativen nicht auf angemessene religiöse Fortbildungsprogramme verzichten, die sich an jeden Ritter und jede Dame richten, damit sie ihre unerlässliche Beziehung mit dem Herrn Jesus festigen, und zwar vor allem durch das Gebet, durch die Betrachtung der Heiligen Schrift und durch die vertiefte Kenntnis der kirchlichen Lehre.“[7]

Für die Geistlichen ist die Spiritualität zutiefst mit ihrer Berufung als Männer Gottes, als Freunde des Bräutigams[8] verbunden, die mit ihm durch die Teilnahme am dreifachen Amt Christi vereint sind, der Meister, Priester und König ist. Ihr Leben muss sich also weiterentwickelt, um mit der Lehre Jesu übereinzustimmen: *„Seid also vollkommen, wie euer himmlischer Vater vollkommen ist.“*[9] In der oben erwähnten Ansprache erinnerte Papst Franziskus daran, dass *„die Aufnahme ... von Bischöfen, Priestern und Diakonen in Ihren Or-*

[7] PAPST FRANZISKUS, *Ansprache an die Mitglieder der Consulta des Ritterordens vom Heiligen Grab zu Jerusalem* am 16. November 2018. Folgendes gilt es zu betonen: Wenn eine gemeinsame Liebe zum Heiligen Land sowie eine Spiritualität fehlen würden, die auf dem Geheimnis des Leidens, des Todes und der Auferstehung Christi beruht, würde die eigentliche Wurzel der Zugehörigkeit zum Orden und des Dienstes fehlen. Die Consulta ist ein beratendes Gremium des Großmeisters zu den wichtigsten Fragen.

[8] Nach der überzeugenden Aussage des heiligen Johannes Paul II. (Nachsynodales Apostolisches Schreiben *Pastores dabo vobis*, Nr. 29): *„Die Kirche als Braut Jesu Christi will vom Priester mit der Vollständigkeit und Ausschließlichkeit geliebt werden, mit der Jesus Christus, das Haupt und der Bräutigam, sie geliebt hat.“*

9 Mt 5, 48. Siehe die Lehre des II. Vatikanischen Konzis II in *Presbyterorum Ordinis*.

den in keinem Fall eine Ehrung darstellt. Es gehört zu Ihren Pflichten im pastoralen Dienst, diejenigen zu unterstützen, die eine verantwortliche Rolle übernehmen, indem Sie Anlässe zu gemeinschaftlichem liturgischem Gebet auf allen Ebenen und immer wieder Angebote zu geistlicher Unterweisung und Katechese organisieren, damit die ständige Fortbildung und das Wachstum aller Mitglieder des Ordens sichergestellt sind".[10]

Für die Laien, die mit dem Klerus und den Ordensleuten das eine Volk Gottes und den einen Leib Christi[11] bilden, empfiehlt das Zweite Vatikanische Konzil eine lebendige Vereinigung mit Christus, gemäß der Aussage des Herrn: *„Wer in mir bleibt und in wem ich bleibe, der bringt reiche Frucht; denn getrennt von mir könnt ihr nichts vollbringen."*[12] Es handelt sich jedoch um eine Vereinigung, die durch das liturgische und sakramentale Leben gefestigt werden muss und die im gewöhnlichen Leben durch die Ausübung des Glaubens, der Hoffnung und der Liebe und im Licht des Kreuzes und der Auferstehung des Herrn ihren Reichtum schöpft. Diese Vereinigung bringt dazu, jeden Aspekt des Lebens mit Zuversicht anzugehen: das Ehe- und Familienleben, das gesellschaftliche Leben, das Berufsleben, die Witwenschaft, das Zölibat oder die Krankheit.[13]

[10] PAPST FRANZISKUS, *Ansprache an die Mitglieder der Consulta, a.a.O.*, 16. November 2018.

[11] Konzilsdekret *Apostolicam Actuositatem* (AA) Nr. 18.

[12] Joh 15,5

[13] Siehe dazu das Konzilsdekret *Apostolicam Actuositatem*, a.a.O., und das Nachsynodale Apostolische Schreiben *Christifideles laici*

Bevor wir fortfahren, ist es auch angebracht, einige typische Merkmale eines Ritterordens in Erinnerung zu rufen. Natürlich geht es hier nicht darum, eine Frage zu analysieren, über die seit langem schon viel geschrieben wurde, sondern lediglich darum, einige bedeutsame und wissenswerte Aspekte hervorzuheben. In der Tat weiß jeder, dass man das Rittertum in der Vergangenheit als eine Organisation der Selbstdisziplin betrachtete, in der viel Großzügigkeit und Mut an den Tag gelegt wurde. Diese Tugenden setzten ein hochgradig ethisches Verhalten seitens derer voraus, die ihm angehörten. Unter den höchsten Tugenden befindet sich der unumgängliche höchste Bezug auf Gott (*religiositas*[14], *pietas*[15]), die Klugheit

(1988). Das Konzil hatte sich wohlwollend über Einrichtungen geäußert, die durch ihre Zielsetzung zum Wohl der Kirche beitragen und das Apostolat und die Zusammenarbeit fördern (vgl. AA Nr. 18).

[14] *Religiositas*, die wichtigste moralische Tugend nach Thomas von Aquin. Sie besteht darin, Gott mit Herz und Tat die ihm gebührende liturgische und sakramentale Anbetung zu erweisen (vgl. ST II-II, q. 81, a. 6, a. 7; q. 84, a. 9 ff.). Darüber hinaus bedeuten die Investitur und die sie begleitende Feier des Versprechens für die Dame und den Ritter den Eintritt in eine neue Dimension der Pflicht zum Gottesdienst mit neuen Formen der Anbetung der Dreifaltigkeit, die zu jenen hinzukommen, die bereits mit den ersten Worten des Paten und der Patin bei der Taufe versprochen wurden. In seinen Wirkungen schafft das Versprechen, das vor dem Diener der Kirche abgelegt wird, für die Dame und den Ritter neue Verpflichtungen, die in der Satzung des Ordens ausdrücklich festgelegt sind.

[15] Im Denken des Thomas von Aquin richtet man sich mit der *Pietas*, die als Gabe des Heiligen Geistes verstanden wird, an Gott, wohingegen man sich mit der *Pietas*, die als menschliche Tugend verstanden wird, an den Nächsten wendet (vgl. ST II-II, q. 121; q. 101). Weit entfernt von scholastischen Unterscheidungen liegt für Franz

(*prudentia*[16]), die Loyalität (*fides*), die Treue (*fidelitas*), die Solidarität unter den Mitgliedern (*concordia*), die Ehre und ein edelmütiger Geist (*dignitas*), ein tadelloses bürgerliches Leben *(status),* die Loslösung von sich selbst und die Tüchtigkeit (*virtus*), die Dankbarkeit (*gratitudo*) und der selbstlose Dienst für die geliebten Menschen *(amor).* Diese Tugenden waren von der Gründung dieser Institution bis zu ihrem Niedergang in unterschiedlichem Maße angesehen.[17] Hingegen wandten sich einige Mitglieder ausgehend von der Ausübung dieser Tugenden deutlich religiöseren Institutionen zu, die die Gelübde der Keuschheit, des Gehorsams und der Armut hinzufügten[18].

Ignatius von Loyola (1491-1556), der von einer militärischen Institution in den Dienst des „Himmel-

von Assisi, dem Proto-Kustos des Heiligen Landes, die *Pietas* in dem Vorrang, der uns dazu bringt, unseren Nächsten zu lieben, mit dem Ziel, ihm nahe zu kommen und ihn in diese Liebe zum Schöpfer miteinzubeziehen (vgl. *Expositio in Pater noster* 5).

[16] Von jeder Dame und jedem Ritter, denen ein Dienst für die anderen Ordensmitglieder anvertraut wurde, wird erwartet, dass sie ihr ganzes Mandat über mit hohen Tugenden dem Gemeinwohl aller dienen.

[17] Im 15./16. Jahrhundert führte die Entwicklung und Verbreitung von Feuerwaffen zum Niedergang des Rittertums und einiger der damit verbundenen Ideale.

[18] Siehe POZZESSERE P., *Ordini Monastico-militari in Occidente (secoli XII-XIV), eBook 2013.* Es genügt, an den Einfluss der Dominikaner zu denken, die vom heiligen Dominikus von Guzman (1170-1221) gegründet wurden, an den der Franziskaner, die vom heiligen Franz von Assisi (1181-1226) gegründet wurden, an die Karmeliter, die 1207 von einigen Eremiten gegründet worden waren und denen der Patriarch von Jerusalem eine Regel gab, und an die Eremiten des heiligen Augustinus (1256).

reichs" wechselte, war eine bedeutende Persönlichkeit, die bestimmte Aspekte des Ritterlebens umwandelte und die Gesellschaft[19] Jesu (*Societas Iesu*) gründete, die gewisse Vorstellungen des Rittertums wiederaufnahm und menschliche Tugenden in den Rang christlicher und religiöser Tugenden erhob. Als er in eine persönliche Krise geriet und über sein Leben als Ritter nachdachte, das durch schwere Verwundungen beeinträchtigt war, die er sich bei der Verteidigung von Pamplona (Navarra, Spanien) gegen die Franzosen zugezogen hatte, beschloss er[20], dass seine Ideale Gott und der Kirche besser dienen könnten, erst recht in einer Zeit großer Schwierigkeiten, die durch die protestantische Reformation[21] verursacht wurden. Ignatius stellte sich dann als Pilger nach Jerusalem vor[22]:

[19] Der Titel „Gesellschaft" leitet sich von der Ordnung ab, die das militärische Genie des Gründers für seine religiöse Institution regulärer Kleriker wünschte.

[20] Bei seiner *metanoia* vom weltlichen Ritter zum Pilger Christi in der Welt wurde der junge Ignatius vom Leben der Heiligen inspiriert, über die in der *Legenda Aurea (Goldene Legende)* des seligen Giacomo da Voragine (heute: Varazze) berichtet wurde.

[21] Während Luther Rom beschuldigte, dem Evangelium untreu zu sein (vgl. PELLICCIARI A., Martin Lutero - Il lato oscuro di un rivoluzionario, Cantagalli, 2016), stellte sich Ignatius in den Dienst des Evangeliums, jedoch in Treue zum Papst. Damit überstieg er die menschlichen Schwächen jener Zeit. Die Gesellschaft Jesu wurde dann das wirkungsvollste Instrument der katholischen Erneuerung in der Gegenreformation (vgl. H. JEDIN (Hrsg.), Handbuch der Kirchengeschichte, Bd. IV, Reformation, Katholische Reform und Gegenreformation, S. 449ff.; Kap. 33, Ignatius v. Loyola und sein Orden bis 1556).

[22] *„Da er sehr geneigt war, weltliche Bücher zu lesen, die voller Unwahrheiten sind und die man gewöhnlich Bücher der Ritterlich-*

barfuß, bußfertig, wie er sich von Kräutern ernährte und schwierige Dinge täte, wie es so viele heilige Pilger vor ihm getan hatten. Wenn er darüber nachdachte, empfand er einen tiefen Trost und eine große geistliche Freude.[23] Er beschloss also, eine Wallfahrt ins Heilige Land zu unternehmen, wo er sich niederlassen wollte. Doch sein Plan ging nicht in Erfüllung, denn die Vorsehung hatte anderes mit ihm vor.

keit nennt, bat er im Lauf seiner Genesung darum, man möge ihm ein paar solche zum Zeitvertreib bringen. Aber in jenem Haus befand sich keines solcher Bücher, die er zu lesen gewohnt war, und so gab man ihm eine Vita Christi *und ein Buch über das Leben der Heiligen auf Spanisch. Darin las er oft und empfand eine gewisse Anziehung durch das, was darin erzählt wurde. [...] Denn beim Lesen des Lebens Unseres Herrn und der Heiligen begann er nachzudenken und fragte sich: „Wie wäre es, wenn ich das täte, was der heilige Franziskus und der heilige Dominikus taten?“ [...] Wenn er über das Weltliche nachdachte, hatte er großen Gefallen daran, doch wenn er dessen müde war und es beiseiteließ, fühlte er sich trocken und unzufrieden. Wenn er aber darüber nachsann, [...] wie er all die Entbehrungen auf sich nehmen würde, die er die Heiligen tun sah, fand er nicht nur im Augenblick Trost, sondern blieb glücklich und fröhlich, auch wenn er nicht mehr daran dachte.“ (Vgl. Saint Ignace de Loyola, le récit du pèlerin, Salvator, Paris 2010. S. 25ff).*

[23] Mit der päpstlichen Bulle *Regimini militantis ecclesiae* vom 27. September 1540 bestätigte Papst Paul III. die Gesellschaft Jesu, die am 15. August 1534 mit den Gelübden der ersten sieben Gefährten in Montmartre bei Paris gegründet worden war. Paul III. war ein von Luther stark angegriffener Papst (vgl. Angela PELLICCIARI, a.a.O., S. 129).

DIE BIBLISCHE DIMENSION DER SPIRITUALITÄT

JERUSALEM: DAS GEHEIMNIS. ORTE UND PERSONEN

In Bethanien: Eine Geste für die Ewigkeit

Sechs Tage vor dem jüdischen Passahfest war Jesus in Bethanien, einem Dorf unweit von Jerusalem, im Haus von Lazarus, Martha und Maria. Seine Freunde gaben ein Abendessen zu seinen Ehren. Lazarus war von den Toten auferstanden. Nach einer Krankheit, die Lazarus zum Tod geführt hatte, rief Jesus ihn vier Tage nach seinem Begräbnis wieder ins Leben zurück. Während des Essens, *„nahm Maria ein Pfund echtes, kostbares Nardenöl, salbte Jesus die Füße und trocknete sie mit ihren Haaren. Das Haus wurde vom Duft des Öls erfüllt. Doch einer von seinen Jüngern, Judas Iskariot, der ihn später auslieferte, sagte: ‚Warum hat man dieses Öl nicht für dreihundert Denare verkauft und den Erlös den Armen gegeben?‘ (...) Jesus sagte zu ihm: ‚Lass sie diese Salbe aufbewahren für den Tag meines Begräbnisses.‘“*[1]

Jesus versetzte sich in die Zukunft. Maria von Bethanien würde keine Gelegenheit mehr haben, dem

[1] Johannes 12,3-5.7

Meister ihre Zuneigung zu bekunden, und der Meister nahm diese Geste für den Tag seines Begräbnisses an. In der Tat ging die Auferstehung jener anderen Salbung des Leibes des Herrn voraus, die die Frauen nach dem jüdischen Passah vornehmen wollten.

Die Mitgliedschaft im Orden ermöglicht uns, das Werk der Maria von Bethanien fortzusetzen: Denn auch wir können den „Leib Christi“ salben, der die Kirche ist, in der Jesus nunmehr lebt. Ich beziehe mich auf die Kirche in ihrer weltweiten und lokalen Wirklichkeit, aber für die Mitglieder des Ordens insbesondere auf die Mutterkirche aller Kirchen, die Kirche von Jerusalem mit ihren Gläubigen, Pilgern, Flüchtlingen und Armen, die Jesus uns hinterlassen hat – *„Die Armen habt ihr immer bei euch, mich aber habt ihr nicht immer“*[2] – und die in irgendeiner Weise zum Guten und zu dem im Heiligen Land so notwendigen religiösen und sozialen Frieden beitragen muss. Jede Dame und jeder Ritter setzen also das Werk Marias von Bethanien fort, wenn ihnen daran liegt, die Person Jesu zu lieben, die in der Kirche lebt. Diesen „Leib des Herrn“ kennen und sich um seine Glieder kümmern, ist das erhabene Privileg, das wir im Ritterorden vom Heiligen Grab zu Jerusalem übernehmen.

In der Tat müssen wir uns heute mehr denn je um diesen „Leib Christi“ kümmern, der durch zahllose Gewalttaten verwundet wurde, die umso tiefer gehen,

[2] Johannes 12,8

als sie aus den Händen derer kommen, die ihm nahe standen. Da ist kein Platz für gekünstelte und moralistische Argumentationen, genauso wenig wie für die heuchlerische Argumentation des Judas, die Jesus sofort vom Tisch fegte. Es ist für eine Dame und für einen Ritter entscheidend zu verstehen, dass die Kirche in der Welt, so wie Christus sie gewollt und konzipierte hat und wie die Apostel sie uns hinterlassen haben, ein echtes *„Sakrament ist, das heißt Zeichen und Werkzeug für die innigste Vereinigung mit Gott wie für die Einheit der ganzen Menschheit“*.[3]

Denn die Sakramentalität der Kirche berührt ihr innerstes und tiefstes Wesen, nämlich ihr von Christus eingegebenes Bewusstsein, das sie zu einer nicht bloß menschlichen Organisation macht, sondern zu einem Geschenk Gottes für die Menschheit, mit einem geistlichen und sittlichen Auftrag. Gleichzeitig muss sie ein Werkzeug des Friedens und der Einheit unter den Völkern sein, ohne ideologisches, politisches oder militärisches Kalkül. In der Kirche sein bedeutet also, am Heilsauftrag teilzunehmen, der ihr von Jesus anvertraut wurde, und dennoch im Dienst des Menschen zu stehen, und zwar erst recht in diesen Zeiten der Angst, des sozialen Wandels und der Ungleichgewichte, die oft die Würde, die Freiheit und den Menschen selbst verletzen.

[3] *Lumen Gentium* (LG) Konstitution über die Kirche, Nr. 1.

Das Kreuz und der Tod Jesu

Das machtvolle Symbol für den Glauben eines jeden Christen ist zu allen Zeiten das Kreuz. Wir erkennen in ihm das furchtbare Geheimnis des Todes Jesu mit seinen nie verheilten und doch glorreichen Wunden: Sie sind wie ein unauslöschliches Tattoo dank dessen Christus uns den Vater zeigt und zugleich für seine Brüder und Schwestern fleht und Fürbitte hält, um Barmherzigkeit zu erlangen, denn *„sie wissen nicht, was sie tun“*.[4] Benedikt XVI. stellt fest, dass *„die Kirche der Heiden unter dem Kreuz beginnt“*, und fügt hinzu, dass *„der Herr die Menschen vom Kreuz her zur neuen Gemeinschaft der weltweiten Kirche sammelt. Vom leidenden Sohn her erkennen sie den wahren Gott.“*[5] Es ist interessant, dass das vom Sanhedrin[6] ausgesprochene Todesurteil für Gotteslästerung nicht die Kreuzigung, sondern die Steinigung[7] vorsah. Der Tod durch Kreuzigung war eine römische Strafe[8], es wurde also eine römische, nicht eine jüdi-

[4] Lk 23,34

[5] Vgl. Joseph Ratzinger – Benedikt XVI., *Jesus von Nazareth – Vom Einzug in Jerusalem bis zur Auferstehung*, Herder 2013.

[6] Mk 14,61-64: *„Da wandte sich der Hohepriester nochmals an ihn und fragte: Bist du der Christus, der Sohn des Hochgelobten? Jesus sagte: Ich bin es. [...] Da zerriss der Hohepriester sein Gewand und rief: Wozu brauchen wir noch Zeugen? Ihr habt die Gotteslästerung gehört. Was ist eure Meinung? Und sie fällten einstimmig das Urteil: Er ist des Todes schuldig.“*

[7] Stephanus wird für seine Gotteslästerung gesteinigt, vgl. Apg 7,55-60.

[8] Vgl. Giuseppe Ricciotti, *Vita di Gesù Cristo*, Rizzoli 1941.

sche Strafe gegen Jesus verlangt, obwohl sie in den Jahren zuvor auch im jüdischen Brauch Einzug hielt.[9] Die Kreuzigung selbst galt als Strafe für Sklaven und für Schwerverbrecher.[10] Jedenfalls wurde sie vom römischen Prokurator erwartet, weil Jesus sich als „König der Juden“ ausgegeben hatte, also aufgrund einer politischen Frage: *„Pilatus fragte ihn: Bist du der König der Juden?“*[11]. Obwohl er wusste, dass diese Anschuldigung nicht stimmte und Jesus ihm *„aus Neid“*[12] ausgeliefert worden war, ließ er ihn kreuzigen mit dem *Titulus*: *„König der Juden“*.[13]

Die Verurteilung Jesu enthält in sich zwei Aspekte, die sich ergänzen: Zunächst die „Verurteilung“, die das Werk des Sanhedrins ist und damit aus der jüdischen Religionswelt kommt. Dies geschah – gemäß der „Prophezeiung“ des Kajaphas, des Hohenpriesters jenes Jahres – um *„die versprengten Kinder Gottes wieder zu sammeln“*[14]. Dann der „Tod durch Kreuzigung“, im Stil der Strafen, die den Heiden auferlegt wurden. So wurde das universale Erlösungs-

[9] Die Kreuzigung scheint von Pompeius dem Großen im Jahr 63 v. Chr. eingeführt worden zu sein, als er Jerusalem einnahm. Cicero hatte die Kreuzigung als *„die grausamste und erschreckendste Marter“* bezeichnet *(Reden gegen Verres,* in II, 5, 62-67).

[10] Am Ende des Dritten Servianischen Krieges im Jahr 71 v. Chr. war die Kreuzigung die Strafe für Sklaven, die die militärische Auseinandersetzung zwischen Crassus und Pompeius überlebt hatten.

[11] Mk 15,2

[12] Mk 15,10

[13] Mk 15,26

[14] Joh 11,47-53

werk vollbracht, das von den Juden kommt[15] , aber dazu bestimmt ist, jeden Menschen zu erleuchten.[16]

Die Kreuzigung und der Tod Jesu fanden direkt außerhalb der Stadtmauern im nördlichen Teil Jerusalems statt. Es handelte sich um einen Ort in der Nähe eines Stadttores, der gut sichtbar auf einem Felsvorsprung liegt und zur Warnung bildhaft „Schädel" genannt wurde.[17] Ganz in der Nähe befand sich auch ein Garten, in dem ein Grab in den Felsen gehauen war. Der Ort der Kreuzigung und das Grab des Herrn lagen also nahe beieinander. Ab dem 4. Jahrhundert wurden sie ein fester Bestandteil der konstantinischen Basilika, die jenen für die Christen heiligsten Ort in Jerusalem umschließt.

Das Symbol des Kreuzes darf daher niemals als elegante Dekoration oder als einfaches Erkennungszeichen in Erscheinung treten.[18] Das Kreuz stellt das Drama eines Todes dar, der vor den Menschen schändlich und ungerecht ist, aber von Christus freiwillig angenommen wurde: *„Aufgrund dieses Willens*

[15] Vgl. Joh 4,22

[16] Vgl. Joh 1,9-12: *„Das wahre Licht, das jeden Menschen erleuchtet, kam in die Welt. [...] Er kam in sein Eigentum, aber die Seinen nahmen ihn nicht auf. Allen aber, die ihn aufnahmen, gab er Macht, Kinder Gottes zu werden, allen, die an seinen Namen glauben."*

[17] *Calvaria* auf Lateinisch, *Golgota* auf Aramäisch, *Gulgoleth* auf Hebräisch.

[18] Für den Orden vom Heiligen Grab ist das Kreuz – in seiner als „Jerusalem-Kreuz" bezeichneten Form, bei der in den vier Ecken kleinere Kreuze eingefügt sind, alles in roter Farbe – das Emblem, das ihn charakterisiert.

sind wir durch die Hingabe des Leibes Jesu Christi geheiligt - ein für alle Mal“[19], kommentiert der Autor des Hebräerbriefs, dem zufolge Jesus selbst die Existenz seiner Hingabe offenbart. Dafür bezieht er sich auf einen Dialog zwischen dem Vater und ihm vor seinem Eintritt in die Welt: *„[...] Christus sagte: „Schlacht- und Speiseopfer hast du nicht gefordert, doch einen Leib hast du mir bereitet; an Brand- und Sündopfern hast du kein Gefallen. Da sagte ich: Siehe, ich komme, um deinen Willen, Gott, zu tun.*“[20]

Von diesem Dialog her verstehen wir also die wahre Bedeutung des Geheimnisses des Todes Christi, und das hilft uns, unsere Opfer- und Moralvorstellung völlig zu ändern und den Tod Jesu als einen Akt der Versöhnung und Erlösung zu begreifen. Der Apostel Paulus hat das genau begriffen und rühmte sich dessen angesichts seiner Kritiker: *„Ich aber will mich allein des Kreuzes Jesu Christi, unseres Herrn, rühmen, durch das mir die Welt gekreuzigt ist und ich der Welt.*“[21]

So erfüllte sich das Wort des Propheten Sacharja, der in einer leuchtenden Vision sagte: *„Ich werde [...] einen Geist des Mitleids und des flehentlichen Bittens ausgießen. Und sie werden auf mich blicken, auf ihn, den sie durchbohrt haben.*“[22]

[19] Hebräer 10,10. Der gesamte erste Teil des 10. Kapitels des Hebräerbriefes erklärt die Theologie der Hingabe Christi an den Vater für die Erlösung der Menschen; vgl. auch 1. Korinther 1,18-19.

[20] Hebräer 10,5-7

[21] Galater 6,14

[22] Sacharja 12,10

Die Personen

Die Menschheit im Umfeld der Qualen Jesu (Passion und Tod) nimmt das Gesicht eines Volkes an, das durchaus in der Lage ist, uns eine gegen Christus hetzende, intrigante und perverse Gesellschaft zu zeigen: die unfähigen zivilen und militärischen Behörden (römischer Prokurator, Tetrarch)[23], die listigen und perversen Männer des Sanhedrins, die ihn verurteilen und die Vollstreckung des Todesurteils überwachen, die Prieser des Tempels, die ihn verhöhnen, die Soldaten unter der Führung eines Hauptmanns, der Befehle unnachgiebig ausführt, die Verbrecher und eine tobende Menschenmenge. Aber es gibt auch eine fromme Menschheit, die den Spuren des Herrn folgt: die Töchter Jerusalems[24], ein Bauer, Simon von Cyrene, der gezwungen wird, das Kreuz mit Jesus zu tragen[25], seine Mutter, Maria, die vom Leiden und Sterben ihres Sohnes zutiefst geprüft und erschüttert wird, der Jünger, den Jesus liebte[26], und mutige Frauen: Maria, die Mutter des Kleophas, Maria von Magdala[27], Maria, die Mutter von Jakobus dem Jüngeren und von Joseph, und Salome.[28] In der Nähe des Kreuzes waren vielleicht auch andere verängstigte und fassungslose

[23] Pilatus, der Prokurator des Römischen Reiches, und der edomitisch-palästinensische Herodes Antipas, ein Klientelkönig Roms.

[24] Vgl. Lk 23,28

[25] Vgl. Mt 27,32; Mk 15,21; Lk 23,26

[26] Vgl. Joh 19,26

[27] Vgl. Joh 19,25-26

[28] Vgl. Mk 15,40; Mt 27,55-56

Jünger Jesu und zwei wohlhabende Männer, die sich um die Freigabe und die Beerdigung des Leichnams des Herrn bemühten: Josef von Arimathäa, ein Mitglied des Sanhedrins, ein guter und gerechter Mann[29], und Nikodemus, ein angesehener Führer der Juden, der den Meister ebenfalls bewunderte und versucht hatte, ihn vor den Pharisäern zu verteidigen.[30] Sie alle gehören zur selben Menschheit, die aufgerufen ist, mit Christus oder gegen Christus Zeugnis zu geben und ihn als Verbrecher, Betrüger, Gotteslästerer oder als Gerechten zu betrachten – Ihn, der durch den letzten Akt seines Lebens die Menschheit mit Gott versöhnt.

Hier ist eine Betrachtung notwendig, denn es entgeht niemandem, dass die Verurteilung eines Gerechten, der von Pilatus als solcher bekannt wird: *„Seht, ich bringe ihn zu euch heraus; ihr sollt wissen, dass ich keine Schuld an ihm finde“,* genauso wie von einem der neben Christus gekreuzigten Verbrecher *(„Dieser aber hat nichts Unrechtes getan.“)* und vom Hauptmann *(„Wirklich, dieser Mensch war ein Gerechter.“*[31]), die ganze Menschheit gestern und heute betroffen macht. Vor dem Geheimnis des Kreuzes werden alle gleichermaßen gerichtet. Wir stehen vor dem existenziell und ontologisch tiefsten Geheimnis, und zwar dem Tod, der zugleich ungerecht und nicht aus Versehen verhängt wird.

29 Vgl. Lk 23,50; Mk 15,43
30 Vgl. Joh 3,1 und 7,51-52
31 Joh 19, 4; Lk 23, 41.47

Wenn wir den letzten Schrei Jesu hören, denken wir nicht an den ersten freudigen und immer wieder erstaunlichen Schrei eines Neugeborenen – jene beiden Laute, die das Leben kennzeichnen – sondern an die Qualen, den Schmerz und die Krämpfe des Todeskampfes. Ein letzter, schmerzerfüllter Schrei breitete sich über die Erde aus, und so wird es bis zum letzten Tag sein: ein Schrei im Gebet, ein Akt des Vertrauens, ein Flehen. Dann endete das „Schauspiel" und die Menschen, die *„ ... sahen, was sich ereignet hatte, schlugen sich an die Brust und gingen weg."*[32] Wer könnte dieses Ereignis übergehen? Es wird keine Gleichgültigkeit mehr geben, selbst Pilatus kann seine Hände nicht mehr in Unschuld waschen und war *„überrascht, als er hörte, dass Jesus schon tot sei. Er ließ den Hauptmann kommen und fragte ihn, ob Jesus bereits gestorben sei. Als der es vom Hauptmann erfahren hatte, überließ er Josef den Leichnam."*[33]

Jesus war also wirklich tot. Die Gewissheit, die der Hauptmann Pilatus verschaffen konnte, war nicht das Ergebnis einer Meinung oder eines Eindrucks, sondern einer Überprüfung, die vorgenommen wurde, als *„einer der Soldaten mit der Lanze in seine Seite stieß und sogleich floss Blut und Wasser heraus"*.[34] Dies war die höchste Hingabe seines Menschseins an den Vater. Benedikt XVI. schreibt, dass *„der*

[32] Lk 23,48
[33] Mk 15,44-45
[34] Joh 19,34

Tod Jesu aus der Linie jenes Todes herausgenommen wird, der sich von der Ursünde des Menschen her ergeben hatte als Folge der Anmaßung, selbst wie Gott sein zu wollen", und erklärte, dass „er anderer Art ist [...], (das heißt) er kommt aus der Demut Gottes. [...] Dieser Tod steht im Zusammenhang des Sühnedienstes – Tod, der Versöhnung schafft und Licht wird für die Völker".[35]

Jesus wurde also im letzten Moment seiner Existenz in den Werken entblößt, die er getan hatte, in der Wahrheit, die er verkündet hatte, und in dem Leiden, das er ertrug. Dies war sein Auftrag. In seinem realen, menschlichen, zutiefst gedemütigten Körper gab es keine Täuschung: Die Leute, die vorbeikamen, verhöhnten ihn, schüttelten den Kopf und riefen: *„Ach, du willst den Tempel niederreißen und in drei Tagen wieder aufbauen? Rette dich selbst und steig herab vom Kreuz! [...] Andere hat er gerettet, sich selbst kann er nicht retten. Der Christus, der König von Israel! Er soll jetzt vom Kreuz herabsteigen, damit wir sehen und glauben."*[36] Wer bist du? Bist du kein Mensch? Warum hast du dich Gott gleichgemacht? In seiner Nacktheit, in diesem gemarterten Körper wurde die volle Teilhabe[37] Christi an der menschlichen Nacktheit klar herausgestellt: Wir sind alle nackt und

[35] Vgl. Joseph Ratzinger – Benedikt XVI., *Jesus von Nazareth – Vom Einzug in Jerusalem bis zur Auferstehung*, a.a.O.

[36] Mk 15,29-32

[37] Vgl. 2 Kor 5,21; 1 Petrus 2,22.24; Jes 53,6

Sünder vor Gott! Er ist einer von uns![38] Und doch ist er der Andere![39]

Deshalb müssen wir alle mit Gnade, mit einer neuen Natur bekleidet werden, solange das Drama der Ungerechtigkeit nicht zu Ende ist.

Das leere Grab

Zusammen mit dem Kreuz ist das Grab Jesu ein weiteres mächtiges Symbol, ein Wallfahrtsort in Jerusalem mit großer Anziehungskraft für die Gläubigen.[40] Das Grab ist der Ort, an dem der Leib des Herrn seine

[38] Unter den unzähligen und hohen künstlerischen Ausdrucksformen aller Zeiten, die den gekreuzigten Christus darstellen, möchten wir eine erwähnen, die das Konzept der menschlichen Nacktheit angesichts des Geheimnisses zum Ausdruck bringt: die „Kreuzigung" des Malers Renato Guttuso. Die Szene zeigt Christus, der ans Kreuz genagelt und nackt ist, wie auch alle anderen Personen dieser Szene nackt sind: der Hauptmann, die beiden Verbrecher, die Anwesenden und die fromme Frau, die das Gesicht des toten Jesus betrachtet und mit einer einfühlsamen Geste seine Männlichkeit bedeckt, als wolle sie allen sagen, dass *wir* uns für so viel Böses schämen sollten! In Wahrheit stellt der Künstler nicht die skandalöse und exhibitionistische Nacktheit in den Mittelpunkt des Gemäldes, sondern vielmehr die wahre Nacktheit dessen, was wir auf existenzielle Weise sind. Wenn man eine andere künstlerische Referenz will, kann man Marc Chagalls „Weiße Kreuzigung" betrachten, die 1938 gemalt wurde. Darin prangert der Künstler die Ungerechtigkeiten an, die das jüdische Volk erlitten hat, stellt aber den Gekreuzigten in den Mittelpunkt, der als Symbol für den Unschuldigen steht, der zu Unrecht verurteilt wird.

[39] Der Begriff des „Anderen" wurde von Emmanuel Levinas in seinem Werk entfaltet *Totalité et infini- Essai sur l'extériorité*, 1961.

[40] Dies steht in enger Beziehung zum Orden, der nicht nur seinen Titel, sondern auch seine Daseinsberechtigung daraus ableitet.

Ruhestätte fand, die durch die Kraft Gottes von einem Ort der Verwesung in eine Quelle des Lebens und der Gnade verwandelt wurde. Das Grab wurde von Josef von Arimathäa zu Verfügung gestellt, der *„ein Jünger Jesu war“*.[41] Er ging zu Pilatus und bat darum, dass dieser verehrte und gemarterte Leichnam nicht in das Massengrab der zum Tode Verurteilten geworfen werde, sondern noch vor dem Abend ein würdiges und schnelles Begräbnis bekommt, da die gesetzlich vorgeschrieben Ruhe des jüdischen Passahfestes schon bald beginnen sollte und keine Zeit war, ihn woanders hinzubringen. Mit der Hilfe einiger weniger nahm Joseph die Bestattungsriten für den Leichnam des Meisters vor, bis ein besserer Platz gefunden würde, nachdem er den Leichnam mit den von Nikodemus mitgebrachten Salben gesalbt hatte. Dann wurde er in ein reines Leinentuch und Tücher gehüllt.[42]

Benedikt XVI. schreibt, dass Jesus in dem durchgemachten Drama *„den Weg des Todes bis zum bitteren und scheinbar aussichtslosen Ende im Grab auf sich genommen“* hat.[43]

Die von den Evangelisten erzählten Ereignisse hören mit dem Stein auf, der vor den Eingang des

[41] Mt 27,57

[42] Gemäß dem Evangelisten Johannes brachte Nikodemus etwa hundert Pfund einer Mischung aus Myrrhe und Aloe (vgl. Joh 19,39), und der Evangelist Matthäus erwähnt, dass Josef den Leichnam in ein „reines Leinentuch“ hüllte (Mt 27,59).

[43] Vgl. Joseph Ratzinger – Benedikt XVI., *Jesus von Nazareth – Vom Einzug in Jerusalem bis zur Auferstehung*, a.a.O.

Grabes gerollt wurde. Doch der Argwohn den Worten des Herrn gegenüber, die er zu Lebzeiten gesprochen hatte, veranlasste die Führer des Sanhedrins, mit der Einwilligung von Pilatus eine Wache vor dem Eingang zu stellen.[44] Denn Jesus hatte gesagt, dass er leiden, sterben und dann auferstehen würde.[45] Das hätte die schwache Hoffnung auf Auferstehung nähren können, störte aber den Frieden des Sanhedrins.

Nachdem das Grab verschlossen war, wurde der Zugang durch einen gerollten Stein versperrt, der offensichtlich bereits dafür vorgesehen war. Dann wurde der Eingang versiegelt[46], während *„Maria von Magdala und die andere Maria dort waren und dem Grab gegenüber saßen"*.[47] Sie beobachteten nicht nur das Verschließen des Grabes, vielmehr konnten sie ihre Augen nicht von ihrem Meister abwenden. Genau aufgrund dessen, was sie beobachtet hatten, fragten sie sich drei Tage später auf dem Weg zur Grabstätte: *„Wer könnte uns den Stein vom Eingang des Grabes wegwälzen?"*[48]

Im Grab herrschte das Schweigen so vieler Fragen und so vieler Erwartungen jener, die gern Erklärungen und Antworten auf die vielen „warum" gehabt hätten. Hier wartet Gott auf uns, um uns den Glauben zu lehren. Es herrschte das Schweigen des *„Men-*

[44] Vgl. Mt 27, 62-66
[45] Vgl. Mat 16,21.
[46] Vgl. Mt 27,66
[47] Mt 27,61
[48] Mk 16,3

schensohnes"[49], der die sterbliche menschliche Natur angenommen hatte und so auch den Tod geerbt hatte. Nicht das Schweigen Gottes.

Die Auferstehung

Drei Tage lang war Jerusalem in Schweigen gehüllt.

„Nach dem Sabbat, beim Anbruch des ersten Tages der Woche"[50] war Maria aus Magdala wieder vor dem leeren Grab. Sie bemerkt als Erste, dass der Eingang geöffnet worden war und der Leichnam Jesu fehlte. Maria, die Mutter von Jakobus, Salome und Johanna machen dann dieselbe Feststellung. Nachdem Simon Petrus und Johannes informiert worden waren, eilten sie dorthin, während die Wache des Sanhedrins geflohen war, als sie von einem Lärm erschüttert wurden, der einem Erdbeben glich. Sie hatten eine große Summe Geld erhalten, damit sie sagten, die Leiche sei gestohlen worden. Das war absurd, da die Wachen dort platziert worden waren, um genau das zu verhindern[51], zudem wurden sie nicht verurteilt.

Eine Stimme erklang und stellte eine Frage, der auch wir uns nicht entziehen können: *„Wen suchst du?"*[52] Maria von Magdala war erschüttert, der Leich-

[49] Dieser Ausdruck erscheint 81 Mal in den vier Evangelien und bezieht sich stets auf Jesus.

[50] Mt 28,1; Mk 16,1; Lk 24,1

[51] Vgl. Mt 27,64

[52] Joh 20,15

nam Jesus war verschwunden und sie fragte sich, wie das möglich war. Es lag mehr als nahe zu denken, dass ihn jemand bei Nacht weggebracht hatte!

Die Stimme fragte sie: *„Wen suchst du?"* Jesus rief sie beim Namen: Maria! Tiefe Ergriffenheit. Es ist der Meister! Gemäß dem Bericht des Lukas *„traten zwei Männer in leuchtenden Gewändern zu den erschrockenen Frauen und sagten zu ihnen: Was sucht ihr den Lebenden bei den Toten? Er ist nicht hier, sondern er ist auferstanden"*.[53] Das ist eine Variante der gleichen Frage. Wen suchst du? Wen sucht ihr? Wen suchen wir? Was suchen eine Dame und ein Ritter vom Heiligen Grab im Orden vom Heiligen Grab? Ich denke, dass man sich diese Frage mindestens einmal im Leben stellt. Deshalb sollte man sich im Geist vor das leere Grab stellen und die ergreifende Erfahrung der Maria von Magdala machen, vielleicht aus Anlass der Wallfahrt, die wir eingeladen sind, mindestens einmal im Leben ins Heilige Land zu unternehmen: Warum bin ich hier? Wozu bin ich hierher gekommen? Wen suche ich?

Im Augenblick seiner Auferstehung hat niemand Jesus gesehen.[54]

Der Stein war weggewälzt worden[55]. Die einzigen Anwesenden, die Wächter, *„erbebten und waren wie tot"*.[56] Ein ganz in Weiß gekleideter Engel aber

[53] Lk 24,4-6
[54] Vgl. Giuseppe Ricciotti, *Vita di Gesù Cristo*, a.a.O.
[55] Vgl. Mt 28,2
[56] Mt 28,4

sagte zu den Frauen: *„Fürchtet euch nicht! Ich weiß, ihr sucht Jesus, den Gekreuzigten. Er ist nicht hier; denn er ist auferstanden, wie er gesagt hat. Kommt her und seht euch den Ort an, wo er lag! Dann geht schnell zu seinen Jüngern und sagt ihnen: Er ist von den Toten auferstanden und siehe, er geht euch voraus nach Galiläa, dort werdet ihr ihn sehen. Siehe, ich habe es euch gesagt. "*[57]

Der Auferstandene begegnete ihnen noch am selben Tag.[58] Die aufgewühlten Geister mussten beruhigt, die Verblüffung und die Furcht überwunden werden.[59] Es stimmte zwar, dass Maria von Magdala erzählt hatte[60] wie sie ihn erkannt hatte und dass er lebte – *„Rabbouni!" [...] Meister!"*[61] – und dass die anderen Frauen über eine Erscheinung von Engeln berichteten. Aber eine wirkliche Begegnung Jesu mit seinen Jüngern war notwendig, vor allem wenn wir bedenken, dass Petrus und Johannes die Leinentücher und das

[57] Mt 28,5-7; vgl. auch Mk 16,5-7; Lk 24,5-10

[58] Vgl. Mt 28,9

[59] Vgl. Mt 28,4; Joh 20,1f.

[60] Vgl. Mk 16,9-10; Joh 20,11-18. Maria aus Magdala berichtete auch, dass sie versucht habe, die Füße des Auferstandenen zu berühren, und dass er sich zurückgezogen habe. Tatsächlich kehrte Jesus nicht in das frühere biologische Leben zurück, in dem er hatte sterben müssen, aber er war auch kein Geist. Es handelt sich um ein Ereignis, das die Formen des Lebens übertritt, die wir kennen, wie Joseph Ratzinger erklärt. „Die Materie selbst wird in eine neue Art von Wirklichkeit verwandelt." (Joseph Ratzinger - Benedikt XVI., *Jesus von Nazareth* - Vom Einzug in Jerusalem bis zur Auferstehung. a.a.O.).

[61] Joh 20,16

Schweißtuch gesehen hatten, das „*zusammengebunden daneben an einer besonderen Stelle lag*".[62] Das Argument des Leichendiebstahls war nicht aufrechtzuerhalten: Warum sollten die Diebe einen Toten ohne die Tücher wegtragen, die ihn umhüllen? Doch war die Hypothese eines auferstandenen Jesus glaubwürdig? Sollte er also nackt weggegangen sein?

Jesus erschien also den Frauen und den Jüngern und zeigte ihnen „*durch viele Beweise, dass er lebt; vierzig Tage hindurch ist er ihnen erschienen und hat vom Reich Gottes gesprochen.*"[63]

Für den christlichen Glauben stellt die Auferstehung Christi das ontologisch außergewöhnlichste Ereignis dar. Sie gehört zur DNA des Glaubens. Sie stellt die paradigmatische Umwälzung des schweren menschlichen Schicksals mit ihrer heilbringenden Krönung dar. Sie kennzeichnet den Beginn der Verkündigung und ist die Wurzel der eigentlichen Einsetzung der Kirche, denn wenn Christus nicht auferstanden wäre, so der heilige Paulus, wäre unser Glaube vergeblich[64]. Benedikt XVI. kommentierte dies mit den Worten, dass „*die Auferstehung der*

[62] Joh 20,7

[63] Apg 1,3

[64] Vgl. 1 Kor 15,17. Das ganze Kap. 15 dieses Paulusbriefes ist eine ausgedehnte und minutiöse Katechese über den Tod und die Auferstehung Jesu, über seine Heilsbotschaft und über die Lehre von der Teilhabe des Gläubigen am Geheimnis der Auferstehung. Als Erlöster geht der Gläubige „mit seinem Leib in die Herrlichkeit der Auferstehung ein, auch wenn die Existenzform eine völlig andere sein wird als die jetzige". (Die Bibel)

entscheidende Punkt" der ganzen Glaubensfrage sei. Und er fügte hinzu: *„Ob Jesus nur* war *oder ob er auch* ist – *das hängt an der Auferstehung ab."*[65] Wenn Christus nicht auferstanden wäre, *„wenn es sich bei der Auferstehung Jesu nur um das Mirakel einer wiederbelebten Leiche handeln würde, ginge sie uns letztlich nichts an. Dann wäre sie nicht wichtiger, als die Wiederbelebung klinisch Toter durch die Kunst der Ärzte es ist. An der Welt als solcher und an unserer Existenz hätte sich nichts geändert. Das Mirakel einer wiederbelebten Leiche würde besagen, dass Jesu Auferstehung dasselbe war wie die Erweckung des Jünglings von Nain [...], der Tochter des Jairus [...] oder des Lazarus."*[66] Für Benedikt XVI. ist die Auferstehung des Menschensohnes „etwas ganz anderes" als andere Formen des Lebens oder als eine Wiederbelebung. Sie ist *„eine ganz neue Art des Lebens, in ein Leben, das nicht mehr dem Gesetz des Stirb und Werde unterworfen ist [...]. Ein Leben, das eine neue Dimension des Menschseins eröffnet hat ... ein „Mutationssprung" ... in dem sich eine neue Dimension des Lebens, des Menschseins auftut.*"[67] Folglich bindet Jesus selbst „*den Glauben an die Auferstehung an seine eigene Person: ‚Ich bin die Auferstehung und das Leben'* (Joh 11,25).[68]

[65] Joseph Ratzinger – Benedikt XVI. *Jesus von Nazareth – Vom Einzug in Jerusalem bis zur Auferstehung* a.a.O.

[66] Ebenda

[67] Ebenda

[68] *Katechismus der Katholischen Kirche [KKK],* Nr. 994

Wenn man es recht bedenkt, ist das leere Grab für den Christen also keine einfache Begräbnisstätte wie so viele andere und stellt auch keine solche dar. Das wäre sonst vielleicht für die Archäologie von Interesse gewesen, aber nicht für den christlichen Glauben, und eine Institution wie die Kirche wäre daraus nicht entstanden. Es ist auch kein Symbol, sondern vielmehr das offenkundige Drama eines Mannes, der von der Hartnäckigkeit einer religiösen Macht und durch die Unfähigkeit derer verurteilt wurde, die damals die Macht Roms in Palästina vertraten. Dank der Auferstehung Jesu ist es der Abschluss eines Lebens, das in einer Krippe[69] begonnen hatte und mit dem Begräbnis endete. Jenseits des Grabes beginnt ein neues Abenteuer: Ein anderes, ganz anderes Leben, das sich dem Sinn des Glaubens öffnet. Man kann glauben, aber man kann auch nicht glauben, das ist das menschliche Dilemma. Dennoch wächst der Glaube nicht ohne das Eingreifen und den Beistand der Gnade, um die man bitten muss[70]. In Wahrheit findet man unter den Ersten, die an die Auferstehung Jesu „glaubten", die Wachen, die entsetzt flohen, und die Mitglieder des Sanhedrins, die die Wachen bezahlen mussten, damit sie sagten, der Leichnam sei gestohlen worden![71] Aber sie alle blieben in einer traurigen, schweren Blindheit gefangen. Der christliche Glaube, die erste der gött-

[69] Vgl. Lk 2,12

[70] „Getrennt von mir könnt ihr nichts vollbringen" (Joh 15,5).

[71] Der heilige Augustinus soll mit etwas Ironie gefragt haben: „Warum bringt ihr verschlafene Zeugen?"

lichen Tugenden, entsteht aus dem Geheimnis der Auferstehung des Herrn. Er ist mit diesem Geheimnis verbunden und setzt die Demut der Intelligenz voraus. Das Leben, das den Auferstandenen aufnimmt, bringt dann jeden Gläubigen dazu, Zeuge Christi und *„Zeuge seiner Auferstehung zu sein (Apg 1,22)“*[72]:

In Verbindung mit dieser reichen Theologie des *mysterium crucis* und des *mysterium gloriosum resurrectionis* wurde in der Geschichte der Kirche von Anfang an zunehmend der Wunsch stark, Wallfahrten zu unternehmen und in der Nähe der Orte des Gedächtnisses des Herrn zu leben: Wenn ich den Herrn nicht mit eigenen Augen sehen kann, wenn mein Verlangen, ihn zu sehen, nicht erfüllt werden kann wie bei jenen Griechen, die vom Apostel Philippus verlangten: *„Wir möchten Jesus sehen“*[73], wäre es dann nicht wenigstens möglich, die Orte zu sehen, an denen er gelebt hat und auferstanden ist? [74]

[72] KKK Nr. 995

[73] 12,21

[74] Die Geschichte ist reich an Pilgern, die Palästina besucht oder dort Halt gemacht haben und uns Geschichten hinterlassen haben, die für das Verständnis und die Wahrnehmung des Glaubens, der sich im Lauf der Jahrhunderte in Wallfahrten äußerte, von großem Wert sind. Männer und Frauen, wie der Pilger aus Bordeaux (333), der heilige Hieronymus (der 386 ins Heilige Land ging), Egeria (die uns 383 eine *Peregrinatio ad loca Sancta* hinterließ), Helena (die Mutter von Kaiser Konstantin, die sich auf die Suche nach dem Kreuz des Herrn machte) und ihr Sohn Konstantin (der im 4. Jahrhundert eine Basilika über dem Grab errichten ließ), Kaiserin Eudoxia (die sich im 5. Jahrhundert in Jerusalem niederließ), Franz von Assisi (der vom Herrn angezogen wurde und in seine Fußstapfen treten wollte, 1219), Brigitte von Schweden (die Mystikerin der Passion des Herrn, 1372) und schließ-

Friede sei mit euch! Eine Botschaft für alle

Die Begrüßung ist eine Geste großer Höflichkeit. Jesus entzieht sich dem nicht. Aber Formalitäten reichen nicht aus. Der Inhalt der Begrüßung, der Tonfall der Stimme, die Tatsache, dass man einem in die Augen schaut, ein mehr oder weniger heiterer Gesichtsausdruck – das alles sind kleine Zeichen, die uns erlauben zu erfassen, in welcher Stimmung die Person ist, die vor uns steht, und was sie im Herzen trägt. Jesus begrüßte die verängstigten Jünger, die aus Angst vor den Juden hinter verschlossenen Türen lebten. Sie waren wegen der Ereignisse und wegen ihres eigenen Verhaltens verunsichert. Sie wussten nicht, ob die Freundschaft Jesu, von der bei anderen Gelegenheiten[75] die Rede war, noch bestand oder nicht. Als sie diesen Gruß hörten: *„Friede sei mit euch!“*[76], wurden sie *„mit Freude erfüllt“!*[77] In der Tat, seine Stimme war beruhigend, die Hände mit den Spuren der Nägel und die durchbohrte Seite waren die Seinen: Jesus lebte! Und das war das Wichtigste: Er war es wirklich, er war kein Geist! Auch Thomas wollte die gleiche unglaubliche Erfahrung ma-

lich wie ein Hochwasser führender Fluss die vielen Gläubigen bis heute. Ich beschränke mich hier darauf, an die Pilgerreise von Paul VI. (1964) zu erinnern, dem ersten Papst, der das Heilige Land besuchte, mit der historischen Umarmung der Vergebung zwischen ihm und Patriarch Athenagoras, an die von Johannes Paul II. (2000), von Benedikt XVI. (2009) und von Franziskus (2014). Die lange Reihe von Pilgern aller Altersklassen und aller Zeiten hat nie aufgehört.

[75] Vgl. Joh 15,15

[76] Joh 20,19

[77] Joh 20,20

chen. Und uns, die wir diese Möglichkeit nicht haben, hat Jesus eine Seligpreisung hinterlassen, die für die Jünger freilich nicht galt: *„Selig sind, die nicht sehen und doch glauben.“*[78] Doch nun muss Jesus seine Freunde besuchen und ihnen die Aufgabe anvertrauen, seine Sendung fortzusetzen. Er fand sie alle – Männer und Frauen, einschließlich derer, die Jerusalem verlassen hatten und nach Emmaus aufbrachen – traurig und enttäuscht vor.[79] Dennoch bat er die Elf, seine Zeugen, seine Apostel in der Welt zu sein.

Wir dürfen nicht vergessen, dass Jesus in dem Moment, in dem er den Frieden wünschte, nicht nur die Jünger meinte, denn der Begriff „Frieden“ ist Teil des Namens *Jerusalem* (Stadt des Friedens[80]), die der Herr so sehr liebte und seit seiner Kindheit kannte. Er liebte vor allem ihren Tempel, das Herz der Stadt; deshalb musste er energisch eingreifen und diejenigen vertreiben, die daraus einen Markt gemacht hatten[81]. Am Ende seines Lebens weinte Jesus um Jerusalem: *„Wenn doch auch du an diesem Tag erkannt hättest, was Frieden bringt.“*[82]

[78] Joh 20,29

[79] Vgl. Lk 24, 13-35

[80] Gen 14,18: Melchisedek wird König von Salem (Frieden) genannt, der bei Abrahams Rückkehr aus dem Krieg Brot und Wein opfert. Der Verfasser des Hebräerbriefs sah in ihm eine Vorwegnahme Jesu, „ähnlich dem Sohn Gottes [...] Priester für immer“ (Hebr 7,1-3), und Psalm 76,3 verkündete Salem als „Zelt Gottes“ und Zion als seine „Wohnung“.

[81] Vgl. Mt 21,12-13; Mk 11,15-19; Lk 19,45-48; Joh 2, 13-17.

[82] Lk 19,42

Als Mitglieder des Ordens vom Heiligen Grab sind wir nicht unempfänglich für die Gefühle des Herrn, und wir hegen eine besondere Liebe zu dieser Stadt mit dem großen Traum, die Einbeziehung der Rechte aller dort lebenden Menschen und der Pilger zu fördern. Die Achtung der Rechte stellt in der Tat die Grundlage für den Weg zum Frieden im Heiligen Land dar. Auch wir sind sozusagen verpflichtet, eine Träne für das Land und für die *„Stadt des großen Königs"*[83] zu vergießen. Wir werden nicht die großen Architekten des Friedens und des bürgerlichen Zusammenlebens sein, vielmehr ziehen wir es vor – um ein berühmtes Bild aus dem Evangelium zu verwenden – einfache Arbeiter im Weinberg des Herrn zu sein.[84] Ohne Anmaßung, ohne Überheblichkeit, sondern fröhliche Arbeiter, die glauben, damit einen echten und wirkungsvollen Beitrag leisten zu können, auch wenn dieser nicht immer sichtbar und nicht von vielen anerkannt wird. Zwar kommt jedem die Verantwortung zu, zum Frieden beizutragen, doch uns ist dieses Engagement überaus wichtig und wir machen es zu einem ernsthaften Grund unserer Mitgliedschaft im Orden. Das ist eine große Ehre!

[83] Mt 5,35: In Psalm 48,3 wird der Berg Zion (Jerusalem) besungen: „Er ragt herrlich empor; er ist die Freude der ganzen Erde", „er ist die Stadt unseres Gottes", „die Stadt des großen Königs". Jesaja hatte auch für Jerusalem, die Heilige Stadt, Freude verkündet und die Menschen ermahnt, „Prunkgewänder" anzuziehen beim Kommen des „Freudenboten [...], der Frieden ankündigt" (Jes 52,1-7).

[84] Vgl. Mt 20,1ff

Jerusalem und das Heilige Land sind für viele der ideale historische Bezugspunkt. Die Anwesenheit vieler christlicher und nichtchristlicher Konfessionen dort ist ein Beweis für das Gute, das die internationale Gemeinschaft ihnen wünscht. Und letztendlich dürfen wir auch nicht vergessen, dass Jerusalem auch für ein anderes Jerusalem, das himmlische Jerusalem steht, das in einer messianischen Perspektive im Alten Testament von den Propheten Jesaja (der sie *„die Gemahlin des Herrn"*[85] nannte) und Baruch (der sie ermahnte, das Kleid ihrer Trauer und ihres Elends abzulegen und sich mit dem Schmuck der Herrlichkeit zu bekleiden, die Gott ihr für immer verleiht[86]) erkannt wird, und im Neuen Testament vom heiligen Paulus, der sie *„unsre Mutter"*[87] nennt.

Emmaus: von Seiten der Jünger

„Und siehe, am gleichen Tag waren zwei von den Jüngern auf dem Weg in ein Dorf namens Emmaus, das sechzig Stadien von Jerusalem entfernt ist. Sie sprachen miteinander über all das, was sich ereignet

[85] Vgl. Jes 54,1-17

[86] Baruch 5,1

[87] Gal 4,26. Der Verfasser des Hebräerbriefs lässt es sich nicht nehmen, vom „himmlischen Jerusalem" zu sprechen, wo sich die „Gemeinschaft der Erstgeborenen, die im Himmel verzeichnet sind" (Hebr 12,22-23), zum Fest versammeln. Und das Buch der Offenbarung preist sie als „Braut des Lammes", eine glorreiche Gestalt der Kirche (Offb 21,9-27).

hatte. Und es geschah, während sie redeten und ihre Gedanken austauschten, kam Jesus selbst hinzu und ging mit ihnen. Doch ihre Augen waren gehalten, sodass sie ihn nicht erkannten.“[88]

Der Abschnitt aus dem Lukasevangelium stellt den Prototyp aller Glaubenshoffnung Christus gegenüber dar: sein Menschsein, die Erwartungen bezüglich seiner Worte und Verheißungen, der Sinn seines gewaltsamen Todes, seine Auferstehung und schließlich seine Gottheit. Dieser Abschnitt ist paradigmatisch für jede Spiritualität. Das gilt auch für jede Dame und jeden Ritter, die auf ihrem Weg des Glaubens an Jesus manchmal unter Phasen des Zweifels und geistlicher Lauheit leiden.

Emmaus ist also ein höchst katechetischer Abschnitt von „der Seite“ der Jünger und von jedem Mann und jeder Frau aus betrachtet, die Christus nachfolgen wollen. In diesem Sinne ist er also ein Symbol unseres Lebens: Die beiden Jünger sind wir, die Straße, die zum Dorf (Emmaus) führt, ist unser Leben. Die Gespräche stellen unsere Fragestellungen über den Sinn der Ereignisse, über unsere Existenz und über unsere Kenntnis von Gott und unsere Beziehung zu Ihm dar. Die Hoffnungen sind die unseren. Die Ratlosigkeit und die menschlichen und geistlichen Erwartungen sind die unseren. Das Drama (der Tod Christi) und das Unvorhersehbare (die Auferstehung) sind Teil unserer Hoffnung.

[88] Lk 24,13-16

Was ist bei dieser existenziellen Dynamik der Schlüssel zu allem? Gibt es einen solchen? Das ist die Suche, die uns immer und überall begleiten wird und der niemand entgehen kann. Wenn es keinen Schlüssel gibt, wenn es keine Antwort gibt, dann ist die Krise dauerhaft.

Auf dem Weg nach Emmaus, das heißt zum Sinn unseres Daseins, gibt uns Jesus den Schlüssel, der unsere Augen und unseren Verstand öffnet und weist die beiden Jünger zurecht: *„Ihr Unverständigen, deren Herz zu träge ist, um alles zu glauben, was die Propheten gesagt haben."*[89] Er erklärt, dass sein Tod unter dem Zeichen der Erlösung geschah und nicht in die Linie der Sünde Adams gehört. Es ist *„ein Tod, der Versöhnung schafft und ein Licht für die Völker wird"*.[90], erklärt Benedikt XVI. Gott ist kein gleichgültiger Zuschauer unseres Lebens. Jesus bleibt nicht wegen seines Todes oder wegen unseres Unglaubens begraben. Er lebt und begleitet uns, die wir auf dem Weg sind. Er macht sich „bekannt" durch die Zeichen des Geistes. Er „erwärmt" unsere Herzen, indem er unseren Fragen einen Sinn gibt, er „setzt sich" mit uns an den Tisch, er „nimmt" und „bricht" das Brot des Glaubens, er „spricht" den Segen, er „nährt" uns mit den Sakramenten, mit der Vergebung und der Gnade, und er ermöglicht unseren Augen, sich lang-

[89] Lk 24,25

[90] Joseph Ratzinger – Benedikt XVI. *Jesus von Nazareth – Vom Einzug in Jerusalem bis zur Auferstehung*, a.a.O.

sam zu „öffnen“. Aber wir sind unfähig, ihn zu erkennen, außer in der Demut und im Gehorsam des Glaubens, außer auf dem Weg der Armen und in den Fußstapfen der Ausgeschlossenen und der Opfer von so viel Missbrauch und Gewalt. Dann „ermahnt“ er uns, nach Jerusalem zurückzukehren, in die Stadt des (heiligen und profanen) Lebens in reinster Ausprägung, um Zeugnis zu geben, dass wir Jesus begegnet sind und dass das leere Grab die Leere unserer menschlichen Erwartungen, unserer Vergötterung der Dinge, des erstickenden Egoismus, des ansteckenden Hasses, des fruchtlosen Hochmutes ist. Wir können sagen, dass das Erkennen Jesu wie bei den Jüngern von Emmaus von innen heraus geschieht. Das bekräftigen die beiden Jünger, die *„zueinander sagten: Brannte nicht unser Herz in uns, als er unterwegs mit uns redete und uns den Sinn der Schriften eröffnete?“*[91] Jesus als den Herrn, als den erlösenden Christus zu erkennen, ist sicherlich den Ereignissen und Menschen um uns herum zu verdanken, aber all das hat keinen Einfluss auf unser Verständnis von ihm, wenn wir nicht die Rolle der Gnade erkennen, die uns vorausgeht und uns begleitet. Letztlich bleibt der Glaube von dem Geheimnis umhüllt, in dem sich Gottes Initiative und die menschliche Initiative überschneiden – eine Konstante jeder Erfahrung seit Abraham.

[91] Lk 24,32

Im Boot mit Petrus

Johannes siedelt diese Geschichte nach der Auferstehung Jesu an, der seine Jünger zurück nach Galiläa geschickt hatte, wo er sie wiedersehen wollte. Galiläa ist der Ort, an dem alles begonnen hatte, und für seine Jünger war es die am wenigsten erschütternde Region: eine Rückkehr zum ganz frischen Ruf Jesu. Petrus und andere Gefährten gingen nachts fischen. Sie hatten nichts gefangen, aber im Morgengrauen wartete Jesus am Ufer auf sie. Er fragte sie, ob sie etwas gefangen hätten und forderte sie auf, das Netz auf der anderen Seite des Bootes auszuwerfen. Der Fischfang war so unglaublich reich, dass diese Person nur der Meister sein konnte.

Dort, vor dem See Genezareth, erhielt Jesus von Petrus seinen dreifachen Liebesbeteuerung: *„Herr, du weißt alles; du weißt, dass ich dich liebe“*[92], bekannte er, nicht ohne eine tiefe Ergriffenheit. Dann vertraute Jesus ihm die Verantwortung für die Kirche an. Dies war der Moment, wie man annehmen kann, in dem der Meister die lange Reihe der Nachfolger Petri erahnte, die seine Sendung fortsetzen würden.

Kein Ausdruck der Liebe wird je schlichter und schöner sein können als der des Petrus, denn er setzt die Aufrichtigkeit des Herzens dessen voraus, der ihn ausspricht, sowie das Bekenntnis seiner eigenen Schwäche und den Appell an Christus, der das In-

[92] Joh 21,15-17

nerste eines jeden Menschen kennt. Das Meine wie das Deine. Petrus, der in einer von energischen Beteuerungen und von Verrat gekennzeichneten Vergangenheit eine gewisse Reife erlangt hat, wird nie mehr vergessen, dass er sich stets auf Christus verlassen muss. Der heilige Augustinus, einer der größten Kirchenväter, schrieb, dass Petrus *„was ihn persönlich betrifft, von Natur* ein *Mensch war, durch die Gnade* ein *Christ, durch eine reichlichere Gnade* ein *Apostel und zwar der erste und sogar der Fürst der Apostel war“*.[93]

Heute bei Petrus sein, dem Jesus seine Herde anvertraut hat: *„Weide meine Schafe“*[94], ist für uns Mitglieder des Ritterordens vom Heiligen Grab ein Identitätsprinzip, um uns *„vom Heroismus [unserer] Taten zu lösen und die Demut des Jüngers zu lernen“*[95] in Treue zu Christus und zum Nachfolger Petri.

Wo Petrus ist, da ist die Kirche (Hl. Ambrosius). Auf dem Glaubensbekenntnis des Petrus – *„Du bist der Christus, der Sohn des lebendigen Gottes!“*[96] - baut Jesus seine Kirche auf. In der Tat erklärt der heilige Paulus: „Denn einen anderen Grund kann niemand legen als den, der gelegt ist: Jesus Christus.“[97]

[93] Hl Augustinus, *Vorträge über das Evangelium des heiligen Johannes*, Vortrag 124,5

[94] Joh 21,15-17

[95] Joseph Ratzinger – Benedikt XVI., *Jesus von Nazareth – Vom Einzug nach Jerusalem bis zur Auferstehung*, a.a.O.

[96] Mt 16,16

[97] 1 Kor 3,11

Und der Grund des Petrus ist Christus. Deshalb hat die Kirche von Christus *„in Petrus die Schlüssel des Himmelreiches empfangen, das heißt die Gewalt, die Sünden zu binden und zu lösen. [...] Diese Kirche ... wird durch die Liebe und die Nachfolge Christi von den Übeln befreit“*[98]. Auch wenn das „Boot“ der Kirche manchmal in derart stürmischen und aufgewühlten Wellen segelt, dass der Eindruck entsteht, diese würden die Oberhand gewinnen, dürfen wir nie vergessen, dass der Herr immer *„gegenwärtig ist und zur rechten Zeit eingreift. Ich gehe und ich komme zu euch - das ist das Vertrauen der Christenheit, der Grund unserer Freude“*[99], das heißt jener Freude, das Zeugnis von Jesus, der erlöst, auch um den Preis von Verfolgung und manchmal sogar bis zum Tod bis an die Enden der Erde zu tragen.

Am Jakobsbrunnen

Jesus ist in Samaria, in der Region zwischen Judäa und Galiläa. In Sychar befindet sich der berühmte Brunnen, den Jakob seinem Sohn Joseph als Erbe hinterließ. Niemand ist da, es ist Mittag, Jesus ist durstig und die Jünger sind ins Dorf gegangen, um etwas zu essen zu kaufen. Also bittet er die Frau,

[98] Hl Augustinus, *Vorträge über das Evangelium des heiligen Johannes*, Vortrag 124,5

[99] Joseph Ratzinger – Benedikt XVI., *Jesus von Nazareth – Vom Einzug in Jerusalem bis zur Auferstehung*, a.a.O.

die Wasser schöpfen kam, ihm zu trinken zu geben, denn sie hatte einen Eimer, um Wasser zu schöpfen. Jesus beginnt ein ungewöhnliches Gespräch mit dieser Frau. Die Überraschung der Frau rührt nicht nur daher, dass ein Jude mit einer Samariterin spricht, sondern auch daher, dass Jesus seltsamerweise von einem Wasser spricht, das er gibt, obwohl der Brunnen tief ist und er kein Gefäß hat, mit dem er schöpfen kann. Jesus erklärt ihr, dass er von einem Wasser spricht, das ins ewige Leben fließt, und dass man im Leben zur Wahrheit stehen muss, um es zu erhalten: Der Mann, mit dem sie zusammenlebt, ist nicht ihr Ehemann! Dann spricht er mit ihr über das Heil, das von Gott kommt, und dass Gott im Geist und in der Wahrheit angebetet werden will.[100]

Der Brunnen erinnert uns an die Geschichte von Joseph, der von seinen eifersüchtigen Brüdern, die ihn umbringen wollten, in eine Zisterne ohne Wasser geworfen wurde. Durch eine glückliche Fügung wurde er von Händlern gerettet, die ihn kauften und nach Ägypten brachten. Der Brunnen und Josephs traurige Geschichte erinnern in Analogie an die Geschichte Jesu, der aus Eifersucht verurteilt und von einem der Seinen für Geld verraten wurde. Dieser „Brunnen“ ist das Symbol für das Grab, in dem Jesus kurze Zeit liegen sollte, nachdem er vom Kreuz abgenommen worden war, an dem ihm das Leben genommen worden war, und aus dem wieder neues

[100] Vgl. Joh 4,1-30

Leben „entspringen" sollte. Seit jeher steht Wasser für Leben.[101]

Das Grab, in das Jesus nach seinem Tod gelegt wurde und in dessen *„Tiefen"* das große Geheimnis des neuen Lebens auftauchen sollte, war bereit aufzubrechen und eine wahrhaft neue Existenz zutage treten zu lassen, *„die alle Erkenntnis übersteigt"*[102], wie der heilige Paulus lehrt. Mose, der wie vor den Kopf geschlagen war, weil das Volk in der Wüste wegen des Wassermangels gegen Gott und gegen ihn murrte und daran zweifelte, dass Wasser aus einem Felsen entspringen könnte, schlug mit seinem Stab zweimal auf den Felsen[103]. Das Wasser sprudelte hervor und dieser verletzte Felsen wurde zum Bild der durchbohrten Seite Christi, aus der *„eine Quelle des Wassers entspringt, die ins ewige Leben fließt"*.[104]

Durch das Engagement, das eine Dame und ein Ritter im Orden eingehen, wissen sie, dass sie im Idealfall durch ihr Versprechen diesem Brunnen, dieser tiefen Quelle, das heißt diesem „Grab" näher kommen, aus dem das neue Leben, der auferstandene Christus hervorgegangen ist. Von ihm kommt alle Wahrheit und alle geistliche Erkenntnis. Das leere

[101] Nicht nur im analogen Sinne; im Nahen Osten gab es grausame Kriege, bei denen es um die Kontrolle des Wassers ging. Dabei wurde ein Hass geschürt, der nie vernarbt ist.

[102] Epheser 3,18-19

[103] Vgl. Numeri 20,6-13: Moses glaubte nicht, dass auf das Wort Gottes hin Wasser für das Volk entspringen könne, deshalb schlug er zwei Mal mit seinem Stab auf den Felsen.

[104] Joh 4,14

Grab spricht also über den lebendigen Meister, den der Apostel Thomas erkennt und bekennt – *„Mein Herr und mein Gott"*[105] - und den die Kirche immer berufen ist, allen Völkern und allen Zeiten zu bezeugen und zu verkündigen. Eine Dame und ein Ritter wissen auch, dass sie ständig und wann immer sie darauf angewiesen sind, ihre geistliche Energie und ihre Begeisterung aus dem leeren Grab Christi schöpfen müssen, denn aus diesem „Brunnen", aus diesem offenen „Felsen", aus dieser „Quelle", entspringt die Liebe ihres Glaubens und ihr Engagement für das Land Jesu. Der Glaube ist ein Geschenk und eine Pflicht: Ein Geschenk insofern, als wir gegenleistungsfrei von Christus erlöst wurden, Pflicht insofern, als er uns zu einem aktiven Zeugnis für Ihn drängt, der in den Armen und in den leiblichen Werken der Barmherzigkeit gegenwärtig ist.

[105] Joh 20,28

DIE EKKLESIOLOGISCHE DIMENSION DER SPIRITUALITÄT

Die Taufgnade

Das Wasser verweist auch auf die Taufe und den auferstandenen Herrn, auf das Passah im Sinne des Übergangs vom Tod zum übernatürlichen Leben und zur Gnade. Es verleiht uns auf sakramentale Weise die Würde der Söhne Gottes. Wir dürfen nie vergessen, dass die uns von der Kirche verliehene Würde also aus der Taufe kommt, die ihre Wurzel ist. Im Leben sind wir jedoch nicht vor der Gefahr sicher, das Geheimnis der Gnade des Auferstandenen zu verlieren oder abzulehnen. Denken wir an die Reaktion auf das leere Grab (das leere Grab ist für ein Ordensmitglied die Schule der Weisheit): Nicht alle verhielten sich gleich, noch zogen alle die gleichen Schlüsse. Die Wachen zum Beispiel, die dort positioniert worden waren, um zu verhindern, dass der Leichnam Christi entwendet wird, flohen erschrocken und nahmen Geld an, um eine Lüge zu bestätigen. Die Führer und die religiösen Verantwortlichen des Tempels von Jerusalem schmiedeten weiter ihre Intrigen und leugneten den offenkundig Auferstandenen, der von den Wachen bestätigt wurde. Die Jünger machten die Erfahrung ihrer psychologischen Anfälligkeit, so dass sie aufgrund der Ereignisse, die sie durcheinander gebracht hatten, zwischen Zweifel und Unglauben schwankten, doch *„als sie ihn sahen, fielen sie vor ihm nieder“*[1]. Und schließlich waren Maria Magdalena und die anderen Frauen, die ihn begleiteten, zunächst überrascht, aber dann, *„voll Furcht und großer Freude und sie eilten zu seinen Jüngern, um ihnen die Botschaft zu verkünden“*.[2]

In welcher Gemeinschaft würden wir gerne sein? Zu welcher Gruppe möchten wir gehören, wenn der Glaube erschüttert wird? Wenn wir davon ausgehen würden, dass diese Fragen uns als Getaufte nicht betreffen, würden wir eine außerordentliche Gelegenheit verpassen, unserem Glauben einen tiefen Sinn zu verleihen und die Erfahrung des für uns persönlich auferstandenen Herrn zu machen. Vor dem Grab, das den Leib Jesu wie ein Mutterschoß aufnahm, der nun bereit ist, ein zweites Mal geboren zu werden, müssen wir mit derselben Demut, derselben Zuneigung und derselben inneren Sehnsucht wie Maria von Magdala und die anderen Frauen verweilen. In meinem Inneren spüren, dass Jesus mich beim Namen ruft, dass ich für ihn kein anonymer Mensch bin, dass Gott der lebendige Gott ist, wie ihn der Prophet Elia auf dem Berg Horeb im *„sanften, leisen Säuseln“*[3] wahrnahm, ist eine einzigartige Erfahrung, die das ganze Leben prägt. Gott existiert und ich bin ihm be-

[1] Mt 28,17
[2] Mt 28,8-9
[3] 1 Könige 19,12

gegnet: So lautete die Aussage eines ehemals atheistischen Denkers.[4] Von diesem Moment an kommt die Zeit des Zeugnisses. Maria von Magdala hätte Jesus gerne zurückgehalten, ihn körperlich berührt, aber es konnte nicht mehr so sein wie früher: *„Die frühere Beziehung mit dem irdischen Jesus ist nicht mehr möglich"*[5], denn wie der heilige Paulus sagt: *„Wenn wir früher Christus dem Fleische nach gekannt haben, kennen wir ihn jetzt nicht mehr so."*[6] Dann bleibt uns noch, unseren Geist für die Schrift zu öffnen[7], zu glauben und ihn zu verkünden, wie Maria von Magdala es tat, als sie den Jüngern sagte: *„Ich habe den Herrn gesehen!"*[8] Daraufhin kam es ihnen zu, bis zum Ende der Welt den Auferstandenen zu bezeugen und zu taufen: *„Geht und macht alle Völker zu meinen Jüngern; tauft sie auf den Namen des Vaters und des Sohnes und des Heiligen Geistes."*[9]

Oft werden wir im Leben von unseren Zweifeln und unserer Auflehnung gequält, weil wir – wie der heilige. Paulus sagt – dem *„Geheimnis der verborgenen Weisheit Gottes"*[10] gegenüberstehen, und zwar

[4] So lautet der Titel des Bekehrungsberichts von André Frossard (1969), der sagt, er als Atheist sei ihm eines Tages in der Stille einer Kirche begegnet, die er zufällig betreten hatte.

[5] Joseph Ratzinger – Benedikt XVI, *Jesus von Nazareth – Vom Einzug in Jerusalem bis zur Auferstehung* a.a.O.

[6] 2 Kor 5,16

[7] Vgl. Lk 24,44-45

[8] Joh 20,18

[9] Mt 28,19

[10] 1 Kor 2,7

Christus, dessen Sendung und Wort nicht dem angehören, was man menschlichen Verstand nennt. Genauso werden wir von unseren Sünden und von den Übeln gedemütigt, die uns bedrängen. Wir verlieren die Orientierung und den Sinn für die Pädagogik Gottes uns gegenüber, der uns hingegen stets langfristig erzieht und nie aufhört, uns zu lieben.

Für uns wäre es faszinierend, uns vorzustellen, dass wir zu der Gruppe von Maria und den anderen Frauen gehören könnten, die vom Auferstandenen getröstet wurden: In dieser Gruppe befindet sich die wahre Treue zu Gott in der Aufrichtigkeit des Herzens, und als Damen und Ritter vom Heiligen Grab werden wir immer in der Tiefe ergründet werden. In Begleitung von Petrus sein, den Jesus dreimal fragt, ob er ihn liebt, und eingedenk unserer Anfälligkeit wie er zu antworten: *„Herr, du weißt alles: du weißt, dass ich dich liebe“*[11] – dieser Gemeinschaft möchten wir angehören und die Gewissheit haben, dass Jesus seine Kirche, die vom Heiligen Geist begleitet wird, fest auf Petrus bauen wollte.

Jesus, das Wort Gottes

Im christlichen Leben dürfen wir nie vergessen, dass das Wort Gottes in Ewigkeit bleibt und dass dieses Wort *„in die Zeit eingetreten ist. Gott hat sein*

[11] Joh 21,17

ewiges Wort auf menschliche Weise ausgesprochen; sein Wort »ist Fleisch geworden« (Joh 1,14). Das ist die frohe Botschaft. Das ist die Verkündigung, die durch die Jahrhunderte hindurch bis zu uns in unsere Zeit gelangt.“[12] „Die Evangelien – die *„zuverlässig überliefern, was Jesus, der Sohn Gottes, in seinem Leben unter den Menschen zu deren ewigem Heil wirklich getan und gelehrt hat*“[13] – offenbaren vor allem das Geheimnis Seiner Person sowie seine Lehre, die ohne den geringsten Zweifel theologisch und anthropologisch das Höchste ist, was an menschlicher Weisheit bekannt ist.

Der heilige Paulus zitiert den Propheten Jesaja: *„Ich werde die Weisheit der Weisen vernichten und die Klugheit der Klugen verwerfen“* und sagt, dass es einen Plan Gottes für die Menschheit gibt. Diesen Plan hat die Welt mit all ihrer Weisheit nicht erkannt. Und er bekräftigt, dass *„das Wort vom Kreuz [...] Gottes Kraft“* ist und wir dadurch gerettet wurden.[14] Deshalb nähern wir uns immer dem Wort Gottes, wie die Väter des Zweiten Vatikanischen Konzils in der Konstitution *Dei Verbum* schrieben, *„indem wir es voll Ehrfurcht hören“*[15], denn es handelt sich um die Person Jesu, die uns erlaubt, den Vater kennenzuler-

[12] Benedikt XVI., *Verbum Domini* [VD], Nachsynodales Apostolisches Schreiben 2010, Nr. 1.

[13] *Dei Verbum* [DV], Dogmatische Konstitution des II. Vatikanischen Konzils, Nr. 19

[14] 1 Kor 1,15-21

[15] *DV* Nr. 1

nen, oder besser noch, der uns in die Erkenntnis des Vaters einführt und uns den Heiligen Geist, die Quelle alles Guten schenkt. Gleichzeitig bewirkt das Wort, dass uns das einheitliche und trinitarische Leben in Gott zuteilwird. Darüber hinaus wissen wir, dass die Kirche selbst von der trinitarischen Liebe gegründet und durchdrungen ist und dass uns die Taufgnade in derselben trinitarischen Dimension geschenkt wird: *„Geht und macht alle Völker zu meinen Jüngern; tauft sie auf den Namen des Vaters und des Sohnes und des Heiligen Geistes.“*[16] Folglich sind das christliche Leben und die Sakramente der Ausdruck des trinitarischen Lebens, und jede Predigt kann nur trinitarisch sein.

Im Apostolischen Schreiben *Verbum Domini* im Anschluss an die Bischofssynode 2008 schrieb Benedikt XVI.: *„Das Neue der biblischen Offenbarung besteht darin, dass Gott sich im Dialog zu erkennen gibt, den er mit uns führen möchte.“*[17] Deshalb hat der *Logos*, das Wort Gottes, als es in die Welt eingetreten war, die menschliche Natur angenommen, damit der Dialog in einer verständlichen und direkten Form stattfinden kann. Da kommen uns die Ausdrücke des Hebräerbriefs in den Sinn, in denen der Autor lehrt, dass Gott schon immer auf viele Arten gesprochen hat, auch durch die Propheten, dass er aber *„in diesen Tagen zu uns gesprochen hat durch*

[16] Mt 28,19-20
[17] *VD* Nr. 6

den Sohn".[18] Jesus von Nazareth ist das Wort, das durch Maria hörbar wurde und ein Gesicht annahm. Das Ostergeheimnis ist seine heilbringende Erfüllung, die der heilige Paulus im Kreuz erkennt. Die Kirche wird also aus dem Wort Christi geboren, sie lebt von der Verkündigung des Wortes und verkündet es, indem sie sich im Dienst an diesem Wort in die Welt versetzt.
Im Orden vom Heiligen Grab bleibt das Hören auf das Wort Gottes als trinitarisches Heilsgeschenk grundlegend, und zwar im Kontext einer auf der Bibel gründenden Spiritualität, ohne die wir gleichgültig und förmlich bleiben würden.

Sich Gott anvertrauen: Gebet und Eucharistie

Das Gebet sollte in unserem Leben nie fehlen. In der Heiligen Familie von Nazareth lernte Jesus beten und er betete in der Synagoge seines Dorfes gemäß der jüdischen Tradition. Das Gebet gehört zum Leben Jesu, und das weckte in den Jüngern auch den Wunsch, ihn nachzuahmen. Er empfahl also nicht nur zu beten, sondern lehrte auch das Gebet.[19] Das „Vaterunser", das Gebet in seiner reinsten Ausprägung, wurde sein Inhalt und sein Muster. Der Herr lehrte dann die Art, wie man beten soll: ohne Heuchelei,

[18] Hebräer 1,2
[19] Vgl. Lk 11,1ff; Mt 6,5-13

unauffällig, ohne viel Worte zu machen. Außerdem erscheint das „Wachen“ im Gebet in den Evangelien als eine offenkundige Konstante des Herrn in den wichtigsten Momenten[20]: So bat der Herr in der Nacht vor seiner Passion seine Jünger, mit ihm zu wachen und zu beten.[21]

An sich ist das Beten auch Teil des Stils und des Wesens unseres Ordens. Deshalb ist es gut, dass jede Dame und jeder Ritter lernt zu beten und beständig zu beten. Faktisch drückt sich der Glaube im Gebet aus. Nicht „unser“ Glaube, sondern der Glaube Jesu, mit dem wir vereint sind. Im Gebet müssen wir Ihn auch bitten, dass er uns erlaubt, uns mit Ihm zu vereinen, damit wir uns gemeinsam an den Vater wenden, um die Gabe des Heiligen Geistes zu empfangen, gemäß der großartigen Lehre des heiligen Augustinus, der sagte, dass der Herr Jesus *„für uns als unser Priester betet, in uns als unser Haupt betet, und von uns als unser Gott angebetet wird“.*[22]

Es gibt ein weiteres Geschenk, das den Ordensmitgliedern lieb und teuer sein muss: die Eucharistie. Es ist das wertvollste Geschenk, das Jesus seinen Jüngern hinterlassen hat, die er bat, es fortzusetzen: *„Tut dies zu meinem Gedächtnis.“*[23] So hat er sich im Sakrament der Eucharistie, dem *Mysterium fidei*,

[20] Vgl. Lk 6,12; Mt 14,23; Mk 1,35

[21] Mt 26,40

[22] Aus dem *Kommentar zu den Psalmen* des heiligen Bischofs Augustinus, Ps 85, 1 ; CCL 39, 1176-1177

[23] Lk 22,19; 1 Kor 11,24.25

in den Mittelpunkt, in das Herz der Kirche gestellt. Wir sprechen hier vom „kirchlichen Gebet“ in seiner reinsten Ausprägung, das mehr als jedes andere erlaubt, den Sinn für die brüderliche Gemeinschaft zu entfalten: Die Eucharistie, das Geheimnis des Leibes und Blutes des Herrn Jesus, in dem das Opfer des Kreuzes sakramental fortgesetzt wird. Die Eucharistie wurde seiner Kirche als Erinnerung an seinen Tod und seine Auferstehung anvertraut, und zwar im bewegendsten Moment der Beziehung zwischen Jesus und den Jüngern, als er dabei war, sich von ihnen zu verabschieden. Da geschah etwas Neues, das für immer an jedem Ort und zu jeder Zeit bleiben wird, wo dieselbe Geste des „gebrochenen Brotes“ wiederholt wird. Ein neuer Bund erstreckte sich auf die gesamte Menschheit. Die Eucharistie in der Kirche ist daher *„Quelle und Höhepunkt des ganzen christlichen Lebens“*.[24] Niemals sollte eine Dame oder ein Ritter es versäumen, daran teilzunehmen, denn es gibt keinen vollkommeneren und höheren Akt der Verehrung Gottes als diesen; und es ist immer ein Akt des Segens und der Danksagung.

Auch spricht uns der Gedanke an, dass in der eucharistischen Anbetung sozusagen die Geste der Maria von Bethanien fortgesetzt wird, die in Demut und mit großer Zuneigung die Füße des Herrn salbte. Diese Geste hat der Herr selbst im Hinblick auf seinen Tod gelobt, so wie er eine ähnliche Geste gelobt

[24] Vgl. KKK Nr. 1322-1327

hatte, nämlich die der Frau, die im Haus des Pharisäers Simon Vergebung erlangt hatte.[25] Als Gesten der Liebe können sie nicht mehr verschwinden, und im Grund genommen werden sie bei der eucharistischen Anbetung fortgesetzt, genauso wie die Nächstenliebe gegenüber den Armen, den Kindern, den Flüchtlingen, den Gefangenen, den Ausgegrenzten, den Leidenden: *„Amen, ich sage euch: Was ihr für einen meiner geringsten Brüder getan habt, das habt ihr mir getan."*[26] Eucharistie und Nächstenliebe sind untrennbar miteinander verbunden.

Das Geheimnis der Liebe

„Der hauptsächliche Antrieb für die wirkliche Entwicklung eines jeden Menschen und der gesamten Menschheit", so schreibt Benedikt XVI. in einem der ansprechendsten Dokumente seines Pontifikates, ist die Liebe, *„die Jesus Christus mit seinem irdischen Leben und vor allem mit seinem Tod und seiner Auferstehung bezeugt hat. […] Sie ist eine außerordentliche Kraft, welche die Menschen drängt, sich mutig und großherzig auf dem Gebiet der Gerechtigkeit und des Friedens einzusetzen."*[27] Es geht hier darum zu verstehen, dass die Wurzel der Nächs-

[25] Lk 7,36-50

[26] Mt 25,40

[27] Benedikt XVI. Enzyklika *Caritas in veritate*, Nr. 1; siehe auch die andere Enzyklika *Deus caritas est*

tenliebe Christus ist: sein Leben, seine Lehre, die Zeichen, die ihn begleiteten, sein Leiden, sein Tod und seine Auferstehung. Tatsächlich hat Jesus dem Apostel Petrus zufolge *„Gutes getan und alle geheilt, die in der Gewalt des Teufels waren“*.[28] In Wirklichkeit stellen die Gleichnisse über die Menschlichkeit, die Barmherzigkeit, die Liebe Jesu zu den Kleinen keine Theorie dar, sondern erklären auf meisterhafte Weise den eigentlichen Sinn der Nächstenliebe als empfangene und geschenkte Liebe.[29] Auch Paul VI. lehrte, dass sich in diesem Austausch zwischen Geben und Empfangen die wahre menschliche Entfaltung verwirklicht, denn die Solidarität *„ist [...] ein Vorteil für alle“* und zugleich *„eine Pflicht“*[30], vor allem entgegen der egoistischen Überheblichkeit, man schulde niemandem etwas außer sich selbst und habe nur Rechte. Die Nächstenliebe lässt sich am besten verstehen, wenn wir selbst die Erfahrung machen, auf sie angewiesen zu sein: Sie ist in erster Linie ein geistliches Bedürfnis (wenn uns der Sinn für Gott fehlt und wir die Sinnlosigkeit des Lebens zu spüren scheinen), aber auch ein moralisches (das in der Demütigung wegen unserer Sünden offenkundig ist) oder ein psychologisches (wenn Depressionen uns zu Gefangenen machen, die unfähig sind zu reagieren, und unser verdunkelter Geist uns aller Kraft beraubt).

[28] Apg 10,38
[29] Vgl. Benedikt XVI, ebenda Nr. 5
[30] Paul VI. Enzyklika *Populorum Progressio*, Nr. 17

Und natürlich in Situationen wirtschaftlicher Armut (wenn man im Elend lebt).

Jesus rühmt also nie die Nächstenliebe, vielmehr bekundet er sie konkret im Zusammenhang mit den Bedürftigen: den Armen, den Kranken, der des Ehebruchs angeklagten Frau, den Besessenen, aber auch mit dem Gesetzeslehrer, der ihn fragte: *„Wer ist mein Nächster?"*[31] Jesus gibt keine Erklärung, vielmehr erzählt er das Gleichnis vom barmherzigen Samariter, das sich um einen Mann dreht, der auf dem Weg von Jerusalem nach Jericho in die Hände von Räubern fiel, ausgeraubt und misshandelt wurde, bis er schließlich halb tot liegen blieb. Doch nur ein Samariter kümmerte sich um ihn. Die Schlussfolgerung lag auf der Hand: *„Geh und handle du genauso!"*[32]

Und die schönste Geste der Liebe und der Nächstenliebe war jene Geste Jesu am Kreuz, als er die Reue des neben ihm gekreuzigten Schächers annahm und als er den Vater bat, seinen Tod seinen Mördern nicht anzulasten: Hier haben wir es mit der „sakramentalen" Nächstenliebe zu tun, die der Priester im höchsten Maße im Sakrament der Beichte ausübt. Wie die Apostel erfährt auch Paulus die barmherzige Liebe Christi. Deshalb konnte er den Korinthern einen der schönsten Abschnitte über diese göttliche Tugend schreiben. Diesen Abschnitt sollte jedes Mitglied des Ordens vom Heiligen Grab zu Jerusalem

[31] Lk 10,29
[32] Lk 10,37

gut kennen: „*Wenn ich in den Sprachen der Menschen und Engel redete, […] wenn ich prophetisch reden könnte und […] alle Erkenntnis hätte, wenn ich alle Glaubenskraft besäße und Berge damit versetzen könnte, […] wenn ich meine ganze Habe verschenkte und wenn ich meinen Leib opferte, […] hätte aber die Liebe nicht, nützte es mir nichts. Die Liebe ist langmütig, die Liebe ist gütig. Sie ereifert sich nicht, sie prahlt nicht, sie bläht sich nicht auf. Sie handelt nicht ungehörig, sucht nicht ihren Vorteil, lässt sich nicht zum Zorn reizen, trägt das Böse nicht nach. Sie freut sich nicht über das Unrecht, sondern freut sich an der Wahrheit. […] Die Liebe hört niemals auf.*“[33]

Zusammen mit dem Glaubenszeugnis setzt die Liebe die Gegenwart Christi in der Welt fort, wenn die Nächstenliebe in der Liebe zu Gott wurzelt. Diese Pflicht kommt jedem Gläubigen zu, gleichzeitig aber ist sie auch Aufgabe der gesamten kirchlichen Gemeinschaft: von der Ortsgemeinde bis zur weltweiten Kirche als Ganzes. Als Mitglieder des Ordens vom Heiligen Grab sind wir in zweifacher Hinsicht einbegriffen: Zum einen als Töchter und Söhne der Kirche, zum anderen aber auch, weil wir mit einer edlen pastoralen und karitativen Institution verbunden sind, die ein besonderes Augenmerk auf die Bedürfnisse im Heiligen Land legt. Auf diese Weise leisten wir einen Dienst – das ist unser Engagement – den das Gemeinwohl im Lande Jesu verlangt: für

[33] 1 Kor 13,1-13

die christlichen Familien, die dort wohnen, für das Zusammenleben der verschiedenen, nicht nur katholischen Gemeinschaften, für die Ausbildung der Kinder und Jugendlichen ohne Unterschied der Religion, und schließlich für die Pilger, die diese Stätten aufsuchen und die Worte und die wichtigsten Momente des Lebens Jesu aufleben lassen möchten.

Das Engagement des Ordens für die Patriarchalkirche von Jerusalem ist nun von großer Bedeutung und steht im Einklang mit dem, was in der Apostelgeschichte berichtet wird – *„Alle, die glaubten, waren an demselben Ort und hatten alles gemeinsam und teilten jedem so viel zu, wie er nötig hatte“*[34] – und mit dem Apostel Paulus, der in Zeiten besonderer Katastrophen, Verfolgungen und Hungersnöte die Gemeinden von Antiochia, Griechenland, Galatien und Mazedonien aufforderte, der *„Heiligen“* in Jerusalem zu gedenken und Sammlungen zu organisieren, die er später als großzügig und sogar *„über ihre Ver-*

[34] Apg 2,44-45: Jeder Christ hat zwar die Pflicht, Nächstenliebe zu üben, und dies impliziert, dass er berufen ist, ein Bollwerk für die Hilflosen, für die Leidenden, für die Schwachen zu sein, doch die Ritter und die Damen sind berufen, dies in noch größerem Maß zu sein, indem sie sich die Lehre Jesu zu eigen machen: *„Herr, wann haben wir dich hungrig gesehen und dir zu essen gegeben oder durstig und dir zu trinken gegeben? Und wann haben wir dich fremd gesehen und aufgenommen oder nackt und dir Kleidung gegeben? Und wann haben wir dich krank oder im Gefängnis gesehen und sind zu dir gekommen? Darauf wird der König ihnen antworten: Amen, ich sage euch: Was ihr für einen meiner geringsten Brüder getan habt, das habt ihr mir getan.“* (Mt 25,37-40).

hältnisse hinausgehend" beschrieb[35]. Wir erkennen in dieser gemeinsamen Verpflichtung also einen unserer charakteristischen „Wesenszüge", der es jedem Ordensmitglied ermöglicht, seine eigene Spiritualität durch eine *„bedeutende Großzügigkeit"* auszuüben, die aus seinen *„materiellen Ressourcen"* stammt. Ich möchte hier an die schönen Worte des heiligen Papstes Leo des Großen erinnern: *„Möge die Großzügigkeit gegenüber den Armen und Leidenden zunehmen, damit Gott Danksagung zuteilwird. Und möge es mit Freude geschehen."*[36] Die Freude über das Gute!

Die Mitgliedschaft im Orden[37] bedeutet also nicht,

[35] Die Apostelgeschichte berichtet, dass die ersten Christen von Antiochia wegen der schweren Hungersnot, die in den Jahren 49-50 „unter dem Kaiser Claudius" auftrat, mit unvergleichlichem Eifer „beschlossen, jeder von den Jüngern solle nach seinem Vermögen den Brüdern, die in Judäa wohnen, etwas zur Unterstützung senden". So schickten sie ihre Hilfe „durch Barnabas und Saulus" (Apg 11,27-30). Es war eine Geste großer Solidarität, nicht weniger als die der Gemeinden von Galatien, Korinth (vgl. 1 Kor 16,1-4) und Mazedonien, deren Gläubige trotz ihrer „tiefen Armut" große Großzügigkeit gezeigt hatten: „Ich bezeuge, dass sie nach Kräften und sogar über ihre Kräfte spendeten, ganz von sich aus. Sie haben uns eindringlich um die Teilnahme an diesem Liebeswerk und die Gemeinschaft des Dienstes für die Heiligen gebeten." (2 Kor 8,3-4).

[36] Heiliger Leo der Große, Papst.

[37] Es sollte angemerkt werden, dass unsere Institution heute nicht immer richtig verstanden wird. Manchmal wird sie sogar als nutzlos oder als nicht mit der modernen Gegebenheit übereinstimmend beurteilt, die aus einer Kaste von Menschen besteht, die eitel und nicht auf der Höhe der Zeit sind. In der Banalität oder Uniformität, die oft die gegenwärtige Mentalität beherrscht, wird der Hinweis auf eine „Berufung" mit hohen ethischen, spirituellen und humanitären Zielen nicht verstanden, ebenso wenig wie der Beitrag zur Sicherung des Zusammenlebens von christlichen und nichtchristli-

einer *„philanthropischen Hilfsorganisation zur Verbesserung der materiellen und sozialen Lage Ihrer Zielgruppen"*[38] anzugehören. Vielmehr bedeutet sie, vom geistlichen Wert dieser Mitgliedschaft und gleichzeitig vom sehr hohen Wert der Nächstenliebe überzeugt zu sein. Diese doppelte Wahrnehmung sollte nie fehlen. Ein „Ritter" oder eine „Dame"[39] des Ordens vom Heiligen Grab sein bedeutet in der Tat, dass seine Mitglieder das oben erwähnte doppelte Profil entwickeln, das im Glauben an den toten und auferstandenen Christus wurzelt, ohne ihre Mitgliedschaft oder Nicht-Mitgliedschaft von gelegentlichen Tatsachen, Persönlichkeitsfragen oder Krisen abhängig zu machen, wie es sie in jeder Organisation gibt.

chen Gemeinschaften an den Heiligen Stätten und zum Schutz einer historisch-kulturellen Tradition, die allen gehört.

[38] Papst Franziskus, *Ansprache an die Mitglieder der Consulta des Ritterordens vom Heiligen Grab zu Jerusalem*, a.a.O.

[39] Die Terminologie erinnert an Analogien mit der Vergangenheit und nimmt in gewisser Weise die Tugenden und moralischen Werte an, die die Ritterorden der Vergangenheit kennzeichneten. Heute jedoch ist der Orden berufen, *„die im Evangelium grundgelegte Nächstenliebe in den Mittelpunkt zu stellen und sie zum letztendlichen Ziel Ihres Wirkens zu machen, um darin Gottes Güte und Sorge für alle Menschen zu bezeugen, mit der Gott die Welt liebt"*. (Papst Franziskus, ebenda).

Eine ekklesiale Gegebenheit

Die Mitgliedschaft im Orden vom Heiligen Grab geschieht nicht außerhalb der Kirche, sondern in ihr[40]. Die feierliche Liturgie der Investitur ist gewissermaßen ihre Krönung. Bei diesem Ereignis handelt es sich nicht um eine einfache Ehrung. Der Orden hat – wie Sie wissen – einen Auftrag, der ihm von den Päpsten anvertraut wurde: Die Mutterkirche von Jerusalem zu unterstützen und gemeinsam mit ihr Initiativen zu ergreifen, die zu einem guten sozialen, schulischen und zwischenmenschlichen Zusammenleben ohne Ausgrenzung und in einer inklusiven Sichtweise beitragen und die den Dialog zwischen den christlichen Kirchen, aber auch mit Juden und Muslimen fördert. Da der Eintritt in den Orden nicht durch dynastische Vererbung oder entsprechend dem Zensus erfolgt, sondern durch „Anziehung" und durch „Zustimmung" zu seinen geistigen, moralischen und institutionellen Prinzipien, wird von

[40] Der vorrangige pastorale Bezugspunkt für jedes Ordensmitglied ist seine Pfarrei und seine Diözese. Obwohl unser Orden in Analogie als „unsere große Pfarrei" betrachtet werden könnte, sind wir in Wirklichkeit in die Ortskirchen eingegliedert, deren physische Mitglieder, Gesprächspartner und aktive Mitarbeiter wir sind. Folglich dürfen sich die Damen und Ritter nicht von den Ortskirchen fernhalten. Die Pflege der Beziehungen zur Pfarrei und zur Diözese ist von großer Bedeutung, um mit ihnen zusammenzuarbeiten, unsere Zugehörigkeit zu bezeugen und den Orden und seine Ziele bekannt zu machen. Laien und Geistliche bleiben also gläubige Söhne und Töchter ihrer Ortskirchen und sind Teil der Pfarreien, zu denen sie gehören.

jedem Mitglied eine angemessene Vorbereitungszeit verlangt, die mit der Überreichung der Insignien und besonderen Symbole bei der „Gebetsvigil" und dem „Investiturritus" endet.[41]

Das *sentire cum Ecclesia* – was bedeutet, dass man einen Sinn für die kirchliche Gemeinschaft hat und derart denkt, spricht und handelt, dass die Kirche selbst in der Treue zum auferstandenen Christus in die Tiefe und in die Weite wächst – muss für eine Dame und einen Ritter vom Heiligen Grab zu Jerusalem stets das Leitprinzip sein. Die Worte Jesu diesbezüglich sind eindeutig: *„Wer nicht mit mir sammelt, der zerstreut."*[42] Die Versuchungen der Spaltung, des Neides, der Eifersucht, der Vorrangstellung sind Übel, die an den Toren unserer Existenz lauern, und der Herr hat uns vor ihnen gewarnt. Doch die Werke der Nächstenliebe und vor allem die Heiligkeit der Mitglieder, ihr Zeugnis bezüglich des missionarischen Charakters und der Einheit ermöglichen uns, die Schwierigkeiten zu überwinden und in Übereinstimmung mit dem Geist des auferstandenen Jesus zu leben. Darin besteht der Glaube, und der Glaube schenkt uns Gott, macht aber auch uns selbst zu einem Geschenk für Gott.

Auf ekklesiologischem und geistlichem Gebiet fördern der Großmeister und die Geistlichen, die Mitglie-

[41] Die *Satzung* (2020) sieht in Artikel 35 nicht nur die Aufnahmen, sondern auch Austritte vor, und in Artikel 39 auch Disziplinarmaßnahmen.

[42] Lk 11,23

der im Orden sind, die Harmonie mit der weltweiten Kirche, mit den Ortskirchen, denen seine Mitglieder angehören, und mit der Kirche von Jerusalem. Diese Beziehungen sind wesentlich, damit wir nicht vergessen, „wer wir sind", was unser „Platz" und unser „Auftrag" im Rahmen der Zustimmung zum päpstlichen Lehramt ist. Die Zugehörigkeit zum Orden bringt uns dazu, unseren Blick ständig auf die Kirche und auf ihren durchbohrten[43] und vom Vater verherrlichten Herrn[44] zu richten. Der heilige Leo der Große schrieb: *„Wer die Passion des Herrn wirklich verehrt, muss den gekreuzigten Jesus mit den Augen des Herzens so eindringlich betrachten, dass er sein eigenes Fleisch in seinem Fleisch erkennt."*[45] Und der heilige Bischof Basilius kommentierte: *„Durch seine Leiden, durch sein Kreuz, durch sein Begräbnis, durch seine Auferstehung soll der Mensch, der durch die Nachahmung Christi gerettet wird, die ursprüngliche Annahme an Kindesstatt wiedererlangen."*[46] Durch die Echtheit unseres christlichen Lebens und durch die Treue zur Spiritualität müssen wir Mitglieder des Ordens vom Heiligen Grab zu Jerusalem stets und unaufhörlich in Übereinstimmung mit dem Geheimnis Jesu und der Kirche bleiben und uns dabei an die Lehre des Herrn

[43] Vgl. Joh 19,37; Sacharja 12,10

[44] Vgl. Joh 12,28

[45] Hl. Papst Leo der Große, *Ansprache (Nr. 15) über die Passion des Herrn*

[46] Hl. Bischof Basilios der Große, *Abhandlung über den Heiligen Geist*, 15.

erinnern: *„Wenn einer hinter mir hergehen will, […] nehme er sein Kreuz auf sich und folge mir nach."*[47]

Die „communio *ad intra*" ist in der Kirche zwar eines der konstitutiven Prinzipien für eine authentische Spiritualität als „Volk Gottes" und als „Leib Christi", doch die „communio *ad extra*" ist es nicht weniger, da sie dazu bringt, Spaltungen mit den verschiedenen Gegebenheiten der katholischen Kirche zu überwinden, die im Heiligen Land und anderswo vertreten sind. Ich denke an die vielen christlichen wie nichtchristlichen Konfessionen, die dort auf Dialog, auf gegenseitiges Kennenlernen, auf Wertschätzung und Achtung angewiesen sind, wobei jede Form von skandalöser Feindschaft oder Herrschaft beiseite gelassen werden muss. Diesbezüglich kommt uns eine Stelle aus dem Evangelium zu Hilfe, wo der Herr dem Jünger verbietet, ihn im Garten Gethsemane gegen diejenigen zu verteidigen, die ihn mit *„Schwertern und Knüppeln"* verhaften wollten, indem er selbst sein „Schwert" zog.[48] Jesus verlangt

[47] Mt 16,24; Mk 8,34; Lk 9,23

[48] Mt 26,51; Mk 14,42; Lk 22,43; Joh 18,10-11. Die Väter des Zweiten Vatikanischen Konzils bekräftigten auch ihre Wertschätzung derjenigen, die keine Gewalt anwenden, um ihre Rechte zu verteidigen: „Wir können denen unsere Anerkennung nicht versagen, die bei der Wahrung ihrer Rechte darauf verzichten, Gewalt anzuwenden, sich vielmehr auf Verteidigungsmittel beschränken, so wie sie auch den Schwächeren zur Verfügung stehen." (Gaudium et Spes [GS] Nr. 78). Vergebung, auch dem Feind, Barmherzigkeit und Versöhnung sind der höchste Ausdruck der Lehre Jesu, die wir klar und deutlich im fünften Kapitel des Matthäusevangeliums (Bergpredigt) finden.

nicht nur, dass er sein Schwert wieder in die Scheide steckt, sondern verweist ihn faktisch auf seine Lehre, die er an anderer Stelle verkündet hatte: *„Wenn eure Gerechtigkeit nicht weit größer ist als die der Schriftgelehrten und der Pharisäer, werdet ihr nicht in das Himmelreich kommen."*[49] Oder *„Ihr habt gehört, dass gesagt worden ist: Auge für Auge und Zahn für Zahn. Ich aber sage euch: Leistet dem, der euch etwas Böses antut, keinen Widerstand."*[50] Wer Christus nachfolgen will, muss dann auf das Böse mit Gewaltlosigkeit antworten, indem er an den Dialog und die Vernunft appelliert, denn der Herr hat mit diesen Worten die von Brutalität beherrschten Beziehungen verwandelt und einem ethischen Verhalten den Vorrang gegeben, das jedem Mann und jeder Frau, die es befolgen, einen gewissen Adel verleiht.

Seit der Zeit des Zweiten Vatikanischen Konzils ist der ökumenische Dialog mit den christlichen Kirchen eine unwiderrufliche Etappe geworden. Dieser Dialog wurde immer wieder und mit verschiedenen Mitteln angestrebt, und er wurde durch das konziliare Dekret *Unitatis Redintegratio*[51] zu einem festen Bestandteil des Lebens der katholischen Kirche. Gleichzeitig fühlte sich das Konzil durch die Erklä-

[49] Mt 5,20

[50] Mt 5,38-39

[51] Papst Paul VI. billigte dieses Dekret am 21. November 1964. In der Präambel heißt es: „Die Wiederherstellung der Einheit unter allen Christen zu fördern, ist eines der Hauptziele des Heiligen Ökumenischen II. Vatikanischen Konzils."

rung *Nostra Aetate* auch verpflichtet, die Beziehungen zu den nichtchristlichen Religionen und insbesondere zu Juden und Muslimen zu fördern, da alle Menschen nach dem Bilde Gottes geschaffen sind.[52] In Bezug auf die Juden betonte das Konzil die enge Verbundenheit der Christen mit den Nachkommen Abrahams, zu denen *„dem Fleische nach Christus"*[53], Maria, die Mutter Jesu, die Apostel und die frühe Kirche gehörten, und verwirft *„alle Verfolgungen und Manifestationen des Antisemitismus, die sich zu irgendeiner Zeit und von irgendjemandem gegen die Juden gerichtet haben"*.[54] In Bezug auf den Islam schreibt das Konzil: *„Mit Hochachtung betrachtet die Kirche auch die Muslim, die den alleinigen Gott anbeten, den lebendigen und in sich seienden, barmherzigen und allmächtigen, den Schöpfer Himmels und der Erde, der zu den Menschen gesprochen hat."* Und es ermahnt, *„das Vergangene beiseite zu lassen, sich aufrichtig um gegenseitiges Verstehen zu bemühen und gemeinsam einzutreten für Schutz und Förderung der sozialen Gerechtigkeit, der sittlichen Güter und nicht zuletzt des Friedens und der Freiheit für alle Menschen"*.[55]

[52] Papst Paul VI. billigte dieses Dokument am 28. Oktober 1965.

[53] Römer 9,5

[54] *Nostra Aetate*, Nr. 4. Siehe dazu auch die Gedanken von Papst Franziskus, der den gemeinsamen Glauben an den einen Gott betont, der in der Geschichte handelt und dessen Offenbarung wir im geoffenbarten Wort empfangen. (Vgl. *Evangelii Gaudium* [EG] Nr. 247-249).

[55] Ebenda Nr. 3

Das *„Dokument über die Brüderlichkeit aller Menschen für ein friedliches Zusammenleben in der Welt“* von Abu Dhabi (4. Februar 2019) geht in dieselbe Richtung.[56] Wir können also davon ausgehen, dass der Orden vom Heiligen Grab in dieselben Fußstapfen tritt, und zwar in einer überzeugten und positiven Art und Weise, die auch berücksichtigt, was Papst Franziskus für unseren Orden bekannt hat: *„Es ist ein gutes Zeichen, dass Ihre Initiativen im Bereich der Ausbildung und der medizinischen Versorgung für alle offen sind, unabhängig davon, welcher Gemeinschaft oder religiösen Konfession sie angehö-*

[56] Dieses Dokument entfaltet die unzähligen Initiativen und Erklärungen des heiligen Papstes Paul VI., des heiligen Papstes Johannes Paul II., von Papst Benedikt XVI. und von Papst Franziskus, aber es ist auch Ausdruck des Denkens verschiedener muslimischer Führer, wie des Großimams von Al-Azhar, Ahmad al-Tayyb, der es mitunterzeichnet hat. Darüber hinaus nähern sich immer mehr islamische, sunnitische sowie schiitische Persönlichkeiten dieser Linie an, zum Beispiel: Muhammad Bin Abdul Karim al-Issa (Sunnit), Mohammad Ali Shomali (Schiit) und der (schiitische) Theologe Shahrzad Houshmand Zadeh. Die Vision der Beziehungen zum Islam hatte Papst Franziskus in *Evangelii Gaudium* Nr. 252-253 zum Ausdruck gebracht. Wir müssen die Versuchung überwinden, die durch extremistische Strömungen und durch grausame Fakten entsteht, Christentum und Islam im Krieg miteinander zu sehen. Die Verschiedenheit der Glaubensüberzeugungen hindert nicht daran, Werte wie Menschenwürde, Frieden, gegenseitige Achtung, menschliche Brüderlichkeit zu teilen. Krieg und Gewalt können niemals eine Lösung sein. Wir laden Sie auch ein, das Interview mit Kardinal M. A. Ayuso Guixot über die Beweggründe zu lesen, die zu diesem Übereinkommen und zur Unterzeichnung dieses historischen Dokuments geführt haben, das im Jahrbuch *Das Jerusalemkreuz* 2019-2020 veröffentlicht wurde. Zur Brüderlichkeit dürfen wir auch die Enzyklika *„Alle Brüder“* von Papst Franziskus nicht übergehen.

ren. Sie tragen auf diese Weise dazu bei, das Terrain vorzubereiten, damit die christlichen Werte bekannt sowie der interreligiöse Dialog, die wechselseitige Achtung und das gegenseitige Verständnis gefördert werden. Mit anderen Worten, durch Ihr verdienstvolles Engagement tragen Sie auch zum Aufbau des Weges bei, der […] zur Erlangung des Friedens in der ganzen Region führt.“[57]

Das Lehramt der Kirche und der Orden

Im Zusammenhang mit der ekklesiologischen Dimension ist es nun angebracht, kurz an das jüngste Lehramt der Kirche über den Ritterorden vom Heiligen Grab zu Jerusalem zu erinnern. Dies ist ein wichtiger Aspekt, denn er macht in aller Klarheit die Vorstellungen der Päpste deutlich.

Johannes XXIII. schrieb bei der Billigung des Aggiornamento der Satzung des Ordens (1962): *„Es ist in der Tat natürlich, dass diese Familie der Ritter wie jede andere gut organisierte Institution, die ihre eigene Vitalität hat, klar wissen muss, dass diejenigen, die an ihrer Spitze stehen, unter der Leitung des Kardinal-Großmeisters mit aller Kraft versuchen, den sehr edlen und hohen Treuepflichten nachzukommen, die dem Orden zugewiesen sind : Das bedeutet, dass*

[57] Papst Franziskus, *Ansprache an die Mitglieder der Consulta des Ritterordens vom Heiligen Grab zu Jerusalem*, a.a.O.

die Mitglieder ihre Seelen stets mit dem christlichen Geist nähren, den Glauben in der Heimat des göttlichen Erlösers verteidigen und verbreiten und die Menschen entflammen müssen, damit sie den Erlöser lieben.“[58]

Paul VI. (1964) wiederum erklärte: *„Eine Institution wie die Ihre zieht die Aufmerksamkeit und die Wertschätzung der Öffentlichkeit wegen zweier Aspekte auf sich, die sie offenkundig darstellt: das äußere Erscheinungsbild - Ihre Kleidung, Ihre Insignien und Ihre Versammlungen. Und das innere – Ihr Festhalten am katholischen Glauben und Leben, an der Miliz und am Dienst für die Kirche und die Sache Jesu Christi, besonders an den heiligen Stätten, die der schlichte und unvergleichliche Schauplatz des Evangeliums waren und die auch heute noch der Rahmen von religiösen Fakten und Interessen sind, denen der Heilige Stuhl und mit ihm die ganze katholische Welt immer noch die größte Bedeutung beimessen. Folglich können wir sagen, dass für Ihr Institut nur eine Regel gilt: Übereinstimmung, Kohärenz, die beiderseitige Widerspiegelung dieser beiden Aspekte. Was würden die äußeren Zeichen Ihres Ordens nützen, wenn sie nicht auf ein aufrichtiges und gelebtes Bekenntnis des katholischen Glaubens sowohl im Herzen als auch im moralischen Lebensstil verweisen würden, der das ganze Leben eines Ritters vom Heiligen Grab prägen muss? Und*

[58] Johannes XXIII. Apostolisches Breve *Religiosissimo a monumento victoriae*, 8. Dezember 1962, in AAS/1963, S. 444-446.

sind es nicht genau diese Unterscheidungsmerkmale, die Sie als erwählte und kompetente Mitglieder einer Miliz Christi ausweisen? Diese Merkmale sind gleichermaßen Symbole, Ansporn und die Bindeglieder Ihrer Treue zu seiner Sache, Ihres vorbildlichen Charakters in der Gesellschaft, in der Sie leben, und Ihrer Mitgliedschaft, die nicht untätig, passiv oder verdrossen, sondern aktiv und großzügig der heiligen Kirche gegenüber ist. So will und muss Ihre Mitgliedschaft im Orden vom Heiligen Grab aussehen. Ihr Geist soll von diesem stärkenden Bewusstsein erfüllt sein, dann haben Sie wirklich für sich die Ehre erlangt, diesem Orden anzugehören, dann haben Sie dem Orden die beste Bestätigung seiner Daseinsberechtigung, seine kraftvolle Fülle an Disziplin und Aktivität und sein höchstes Niveau an Verdienst und Ruhm gegeben. [...] Hören Sie nicht auf, diese heiligen Stätten mit einer immer intensiveren und gottesfürchtigen Vorliebe zu schätzen. Kümmern Sie auch weiterhin um dieses Land, das von den Schritten des menschgewordenen Sohnes Gottes geheiligt wurde, und halten Sie es in Ehren. Fördern Sie weiterhin die Werke der Religion, der Ausbildung, der Nächstenliebe, die die ausdauernde und liebevolle Gegenwart der katholischen Kirche bezeugen. Verstärken Sie wenn möglich Ihre Bemühungen um die geistliche und körperliche Wohlfahrt dieser Bevölkerung.“[59]

[59] Papst Paul VI., *Ansprache an den Ritterorden vom Heiligen Grab zu Jerusalem,* 30. Mai 1964, AAS 56, S. 572-574

Nach diesen denkwürdigen Worten ist es gut, noch auf jene Päpste zu hören, die in jüngerer Vergangenheit zu uns sprachen, und an die wir uns mit Ehrfurcht und Zuneigung erinnern. Im Jahr 2000, aus Anlass des Heiligen Jahres, wandte sich Johannes Paul II. mit folgenden Worten an die Teilnehmer der Jubiläumswallfahrt des Ordens: „*Eure Ritter-Sodalität hat eine alte und ruhmvolle Beziehung zur Stätte des Grabes Christi, an der auf besondere Weise die Herrlichkeit der Auferstehung gefeiert wird. Eben dies ist der Mittelpunkt eurer Spiritualität. [...] Von entscheidender Bedeutung ist für euch, wie übrigens für einen jeden Christen, die Wiederentdeckung der Taufe, die das Fundament der ganzen christlichen Existenz bildet. Dies erfordert eine sorgfältige Vertiefung des katechetischen und biblischen Wissens, ein ernsthaftes Überdenken des eigenen Lebens sowie einen großherzigen apostolischen Einsatz. Auf diese Weise könnt ihr euch auf die heutige Welt hin öffnen und dabei dem Geist eures Ordens treu bleiben, dessen ersehnte Erneuerung vor allem von der persönlichen Umkehr eines jeden einzelnen abhängt. Auf eurem Wappen steht geschrieben: »Oportet gloriari in Cruce Domini Nostri Jesu Christi«: wir wollen uns des Kreuzes unseres Herrn Jesus Christus rühmen. Christus sei der Mittelpunkt eures ganzen Seins, eines jeden Vorhabens und Projektes, sei es im persönlichen Bereich als auch auf der Ebene eurer Vereinigung.*“[60]

[60] Papst Johannes Paul II., *Ansprache an die Teilnehmer an der*

Dieses Konzept wurde später von Papst Benedikt XVI. im Jahr 2008 bekräftigt, als er folgende Worte an die Consulta des Ordens richtete: „*Wie sehr braucht gerade das Land Jesu Gerechtigkeit und Frieden! Setzt euch auch weiterhin dafür ein und bittet unablässig im Gebet des Ritters und der Dame vom Heiligen Grab, auf dass dieses Anliegen so bald wie möglich vollkommen verwirklicht wird. Bittet den Herrn, er möge euch zu »überzeugten und aufrichtigen Boten des Friedens und der Liebe unter den Brüdern« machen. Bittet ihn, er möge durch die Kraft seiner Liebe euer ständiges Engagement für jenen tiefen Wunsch nach Frieden Früchte tragen lassen, von dem jene Gemeinschaften erfüllt sind, die seit einigen Jahren in einer unsicheren und gefährlichen Atmosphäre leben. [...] Die Jungfrau von Nazareth [...] stütze euch bei eurer Sendung, die darin besteht, in Liebe über jene Stätten zu wachen, durch die der göttliche Erlöser gezogen ist, wobei er »Gutes tat und alle heilte, die in der Gewalt des Teufels waren, denn Gott war mit ihm« (Apg 10,38).*“[61]

Und schließlich erinnerte und mahnte Papst Franziskus die Teilnehmer an der Wallfahrt des Ordens im Jahr an die Notwendigkeit, „*auf dem Weg zu sein,*

Jubiläumswallfahrt des Ordens vom Heiligen Grab zu Jerusalem, 2. März 2000.

[61] Papst Benedikt XVI., *Ansprache an die Mitglieder des Ritterordens vom Heiligen Grab zu Jerusalem*, 5. Dezember 2008. (AAS 100, S. 55)

um die Gemeinschaft aufzubauen, vor allem mit der Liebe". Und er fügte hinzu: *„Der Ritterorden vom Heiligen Grab zu Jerusalem hat eine fast tausendjährige Geschichte: Er ist einer der ältesten heute noch im Bereich der Fürsorge und der Caritas aktiven Orden. Er wurde eingerichtet zum Schutz des Heiligen Grabes und genoss die besondere Aufmerksamkeit von Seiten der Bischöfe von Rom. Aufbauen mit Nächstenliebe, Erbarmen und Liebe. [...] Gehen, um aufzubauen, entsteht aber aus dem immer tieferen Bekennen des Glaubens, und es wächst durch das beständige Bemühen, Ihr geistliches Leben zu nähren durch eine beständige Weiterbildung mit dem Ziel eines immer authentischeren und konsequenteren christlichen Lebens. Das ist ein wichtiger Punkt für einen jeden von Ihnen und für den ganzen Orden, damit jedem geholfen werde, seine Treue zu Christus zu vertiefen: Das Bekenntnis des Glaubens und das Zeugnis der Liebe sind eng miteinander verbunden und sie sind das Unterscheidungsmerkmal und die Stärke – die Stärken – Ihres Wirkens. Ein altes Band verbindet Sie mit dem Heiligen Grab, ewige Gedenkstätte des Gekreuzigten, der dort begraben wurde, und des Auferstandenen, der den Tod besiegt hat. [...] An die erlösende Macht des Kreuzes und der Auferstehung glauben, um Hoffnung und Frieden zu schenken. Insbesondere das Land Jesu braucht dies so sehr! Der Glaube entfremdet nicht von den Verantwortungen, die wir alle auf uns nehmen müssen, sondern er fordert im Gegenteil zu einem konkreten*

Engagement mit Blick auf eine bessere Gesellschaft heraus und drängt dazu."[62]

Die vom Päpstlichen Lehramt hervorgehobene besondere Verbindung zum Heiligen Land, insbesondere zur Stadt Davids und zum Heiligen Grab, erinnert uns erneut daran, dass sie unsere Zuneigung und unsere hochherzige Antwort erfordern, da es sich um Orte handelt, an denen der Herr sein irdisches Leben verbracht hat, an denen man auf sein Wort hörte und an denen er sein Leben hingegeben hat, um durch seine Person einen neuen Bund zwischen Gott und den Menschen zu schließen. Dieser Bund geht über den Alten Bund hinaus und öffnete die einst Israel vorbehaltene „Erwählung" für die Einbeziehung der „Heiden", gemäß der eindeutigen Lehre des Apostels Paulus im Brief an die Römer (Kapitel 11). Die Hingabe seiner selbst, die Jesus dem Vater darbrachte, war in der Tat von dem Moment an unabdingbar geworden, als sich die Menschheit von ihrem Schöpfer so weit entfernt hatte, dass sie mit Kain Blut durch den Brudermord vergoss. Dieses Blutvergießen tränkt seither unaufhörlich die Erde. Umso wertvoller erscheint daher die Ermahnung, die Johannes Paul II. im Jahr 2003 an die Consulta des Ordens richtete: *„Seid Förderer der Liebe und des Friedens, inspiriert Euch im Leben und in Euren Werken am Evangelium und vor*

[62] Papst Franziskus, *Ansprache an die Teilnehmer an der Internationalen Wallfahrt des Ritterordens vom Heiligen Grab zu Jerusalem*, 13. September 2013.

allem am Geheimnis des Leidens und der Auferstehung Christi. Maria, die Mutter aller Gläubigen, die stets bereit war, dem Willen Gottes zu entsprechen, soll Euer Vorbild sein. Ruft sie täglich an mit dem schönen und traditionsreichen Rosenkranzgebet, das uns hilft, Christus mit dem Blick seiner heiligen Mutter zu betrachten. Wie für Euren verehrten Mitbruder, den sel. Bartolo Longo, wird dies für Euch eine Quelle des geistigen Wachstums sein."[63]

Ihr Name war Maria

Maria war ein in Palästina sehr verbreiteter Name. Ihre Jugendfreunde kannten sie als „Maria von Nazareth", als die „Verwandte von Elisabeth" aus dem Stamm Levi[64], die mit Josef in einer Liebesbeziehung verbunden und mit ihm *„verlobt"*[65] war. Die Evangelisten Matthäus und Lukas sprechen auch über die Empfängnis, die Geburt, die Vorschriften des jüdischen Gesetzes für erstgeborene Söhne[66] und über die Wallfahrten, die die Heilige Familie nach Je-

[63] Papst Johannes Paul II., *Botschaft an die Consulta des Ritterordens vom Heiligen Grab zu Jerusalem*, 16. Oktober 2003.

[64] Vgl. Lk 1,36

[65] Mt 1,18; Lk 1,27. Die davidische Herkunft und die Verheißungen, die Gott Abraham gegeben hat, stammen bei Jesus nicht von den Vorfahren Marias, sondern von Josef, einem Judäer aus Bethlehem. Nach der jüdischen Tradition wird die Abstammung durch den Vater weitergegeben. So erhält Jesus von Maria die menschlich-göttliche Natur (*Theotokos*, vgl. KKK 466) und von Josef die biblischen Verheißungen.

[66] Vgl. Lk 2,21-39

rusalem unternahm. Lukas verweilt besonders bei der zum Passahfest unternommene Wallfahrt, als Jesus zwölf Jahre alt war.[67] In Nazareth war Jesus als der Sohn des Zimmermanns und der Maria bekannt: *„Ist das nicht der Sohn des Zimmermanns? Heißt nicht seine Mutter Maria?"*[68]

Im öffentlichen Leben des Herrn tritt Maria nur selten in Erscheinung; sie bleibt fast immer abseits. Der Evangelist Johannes sagt jedoch, dass sie bei der Hochzeit zu Kana in Galiläa anwesend war und dort *„seine Mutter"* genannt wurde.[69] An anderer Stelle schreibt Markus *„seine (Jesu) Mutter* ... (und andere Mitglieder seiner Familie) *rufen ihn"*. Jesus lehrte gerade und er schien sich fast seiner Blutsverwandtschaft zu entziehen und eine neue zu gründen: *„Wer den Willen Gottes tut, der ist für mich Bruder und Schwester und Mutter."*[70] Schon in Kana in Galiläa, als er seine Mutter mit „Frau" und nicht mit „Mutter" ansprach (*„Jesus erwiderte ihr: Was willst du von mir, Frau?"*[71]") und dann am Kreuz *(„Er sagte zur Mutter: Frau, siehe, dein Sohn!"*), scheint Jesus seine irdische Beziehung zu Maria zu beenden und sie auf Johannes zu übertragen *(„Dann sagte er zu dem Jünger: Siehe, deine Mutter!"*) und durch ihn auf die neue Familie, die sich gerade durch seinen Tod bildetete *(„Und von jener Stunde an nahm sie der Jün-*

[67] Vgl. Lk 2,41-50
[68] Mt 13,55; Mk 6,3
[69] Joh 2,1
[70] Mk 3,31-35
[71] Joh 2,4

ger zu sich“[72]). Von da an gehörte Maria tatsächlich zur Kirche. Vom Kreuz herab definiert Jesus also die neue Mutterschaft Mariens und siedelt sie für immer in der Kirche an. So treffen wir *„Maria, die Mutter Jesu“*[73] in der Gemeinschaft der Apostel an, mit der sie am Pfingsttag im Gebet vereint war.

Die beiden oben erwähnten Abschnitte des Evangeliums – das Ereignis am Fuß des Kreuzes und das der Anwesenheit Marias inmitten der Apostel am Pfingsttag – gehören zu den bedeutendsten Momenten, die der katholischen marianischen Tradition lieb und teuer sind. Nachdem Maria in die neue Familie eingetreten war, die mit dem Tod und der Auferstehung Jesu gegründet worden war, gehörte sie in der Tat von diesem Moment an zur Gemeinschaft der Gläubigen. Zusätzlich zu ihrer christologischen Rolle, die mit ihrer göttlichen Mutterschaft als erste Erzieherin des Sohnes zusammen mit Josef verbunden ist, und zusätzlich zu ihrer zurückhaltenden aber wirkungsvollen Gegenwart im öffentlichen Leben Jesu, übt Maria in dieser Eigenschaft eine hohe kirchliche Funktion aus, die mit ihrer Weiblichkeit verbunden ist und eine Art Gleichgewicht in Bezug auf die männliche Gegenwart darstellt, die von den Aposteln gebildet wird. Ich möchte hier eine bedeutsame und klärende Äußerung von Benedikts XVI. zitieren, der

[72] Joh 19,26

[73] Apg 1,14. Dies ist die letzte Erwähnung des Namens und der Rolle Mariens im Neuen Testament

schreibt, dass *„die Kirche in ihrer rechtlichen Struktur auf Petrus und die Elf gegründet ist, aber in der konkreten Gestalt des kirchlichen Lebens sind es immer die Frauen, die dem Herrn die Tür öffnen, die bis zum Kreuz mitgehen und so auch den Auferstandenen erfahren dürfen.“*[74] In Wahrheit geschah die Aufnahme der Gnade in der Welt durch Maria.

Es ist also angebracht, noch einmal, wenn auch nur kurz, bei der großartigen und letzten Geste des sterbenden Jesus als Mensch zu verweilen, der seine Mutter – die ihn empfangen, begleitet und überall mit tiefer Zuneigung versorgt hatte – Johannes anvertraut: In der semitischen Tradition ist es bis heute nicht gut, wenn eine Frau allein lebt, vor allem wenn es um ihren Unterhalt geht. Aus diesem Grund ist es naheliegend, dass ihr Sohn oder ein vertrauenswürdiger naher Verwandter sie bei sich aufnimmt. In diesem konkreten Fall vertraut Jesus seine Mutter Johannes an. Beachten wir, dass dies die letzte Sorge des Herrn als Mensch war, der daraufhin alles in die Hände des Vaters legen und sterben konnte, nachdem er alles, wirklich alles, vollbracht hatte, einschließlich dieser Tat, seine Mutter einer vertrauenswürdigen Person anzuvertrauen, damit sie nicht allein bleibt und sich jemand als neuer Sohn um sie kümmert. Diese Geste hat die neue Mutterschaft Mariens im ekklesiologischen Sinne definiert. Die Evangelien erwähnen

[74] Joseph Ratzinger – Benedikt XVI., *Jesus von Nazareth – Vom Einzug in Jerusalem bis zur Auferstehung*, a.a.O.

ihre Anwesenheit in der Nähe des Kreuzes, aber sie sprechen nicht über ihren unermesslichen Schmerz. Ihr Kummer als leidende Mutter während der Tage, in denen ihr Sohn begraben war, wird nicht erwähnt, noch ihre unermessliche Freude, als sie sah, dass er auferstanden war. Marias Glaube keimte weiter und tauchte im Rahmen der Gemeinschaft der Apostel wieder auf, die im Gebet auf den Heiligen Geist warteten. Papst Paul VI. hat in all dem die mütterliche Rolle Mariens klar erkannt, als er sie am Ende der dritten Sitzungsperiode des Zweiten Vatikanischen Konzils zur „Mutter der Kirche" erklärte.[75]

Im Orden vom Heiligen Grab wird Maria unter dem Namen „Unsere Liebe Frau Königin von Palästina[76] als Schutzpatronin am 25. Oktober liturgisch verehrt. Dieser Name wurde ihr von Papst Johannes

[75] *„Zur Ehre der seligen Jungfrau und zu unserem Trost verkünden Wir daher Maria, die Heiligste Jungfrau, zur Mutter der Kirche, das heißt des ganzen Volkes Gottes, sowohl der Gläubigen als auch der Hirten, die sie ihre liebevolle Mutter nennen. Und Wir wünschen, dass die Heilige Jungfrau von nun an mit einem so schönen Namen vom ganzen christlichen Volk noch mehr geehrt und angerufen wird."* (Ansprache vom 21. November 1964, in AAS 56 (1964), S. 1007-1018). Am 11. Februar 2018 legte Papst Franziskus das liturgische Fest auf den Montag nach Pfingsten.

[76] Zum ersten Mal wurde der Titel „Königin von Palästina" von dem Lateinischen Patriarchen von Jerusalem, Msgr.Luigi Barlassina (1920) gebraucht, bevor er 1933 formell von der Ritenkongregation verliehen wurde. Was ihr Bild betrifft, so gibt es mehrere: Von dem in Deir Rafat verehrten Bild, wo Bischof Barlassina einen Wallfahrtsort errichten ließ (1927), bis hin zu den neueren Bildern, die in mehreren Statthaltereien aufbewahrt werden (siehe den Artikel von G. Motta, in AD 2012 [L'Anno Passato 2011], S. 33-37).

Paul II. am 21. Januar 1994 in dem Apostolischen Schreiben *Est quidem*[77] für immer zugeschrieben.

Von tiefen Beweggründen beseelt, liegt dem Orden die Liebe zur Mutter Jesu daher besonders am Herzen, an die er sich als Leuchtturm des friedlichen Zusammenlebens zwischen Christen und anderen Völkern des Heiligen Landes wendet. Dieses Land ist gerade durch die historische Gegenwart Mariens gesegnet, und dort hat sie den besonderen Auftrag noch nicht vollendet, den ihr die Göttliche Vorsehung anvertraut hat.

Dann führte Jesus sie hinaus in die Nähe von Betanien. Dort erhob er seine Hände und segnete sie.[78]

Diese Geste des Segens schließt die Sendung des auferstandenen Jesus unter uns ab. Es ist eine Geste des Schutzes und des Abschieds: Es ist kein Lebewohl. Als wahrer Gott „kehrt" Jesus „zurück" zum Vater und zur trinitarischen Gemeinschaft und nimmt seine ganze menschliche Erfahrung als wahrer Mensch mit. Dies ist kein nebensächlicher Aspekt. Die Tatsache, dass er sein eigenes Menschsein

[77] Durch das Dekret der Kongregation für den Gottesdienst und die Sakramentenordnung (25. Januar 2019) *Est quidem - Beata Maria Virgo Titulo „Domina Nostra Palestinae Regina"* erfolgte die Eintragung der von Papst Paul VI. bereits geplanten Feier in den Allgemeinen Römischen Kalender.

[78] Lk 24,50

„mitnimmt“, auch wenn es nunmehr verherrlicht ist, bedeutet, dass Jesus nichts von dem aufgibt, was er gelebt hat. Im Grunde könnten wir in einem analogen Sinn sagen: Gott wurde durch diese menschliche Erfahrung „bereichert“. Er bringt dem Vater sein Gesicht mit der Bitte um Vergebung, seine Empfängnis, seine menschliche und religiöse Erziehung, sein Bewusstsein von seinem Familienleben, seinen in der jüdischen Tradition gelebten Glauben, seine verschiedenen menschlichen Beziehungen: die Gefühle, die ihn mit seiner Mutter, seinem Vater, seinen Freunden, seinen Mitbürgern, seiner Familie, mit den Frauen, den Feinden, den Römern, seinen Anklägern, seinen Nutznießern, den Pharisäern, den Tempelpriestern, den Aposteln verbinden. Er nimmt auch die Erfahrung seiner Teilnahme am Leben des Volkes mit: die Erschütterung über den Tod seines Freundes Lazarus und über den Sohn der Witwe von Nain, die Solidarität mit den Aussätzigen, der Kampf um die Befreiung der vom Teufel Besessenen. Und auch das Hungergefühl, die Versuchung, der Verrat, die Angst, die Verschlossenheit der Herzen und des Verstandes ihm gegenüber. Er nimmt auch für immer die Freude am Gebet mit, die die Jünger faszinierte, die innige Freude dessen, dem Vergebung zuteilwurde, die Leidenschaftlichkeit der Menschen, die vom Brot gesättigt wurden, das unbändige Glück derer, die von einem Gebrechen geheilt wurden, das sie zu Ausgestoßenen machte, die Dankbarkeit der Armen, die Bewunderung für die Natur: Seht euch die Vögel des Himmels an, lernt von den Lilien des Feldes wie sie wachsen.[79] Kurzum jeder Aspekt seines Lebens, das er unter uns verbracht hat. Vor allem aber wird er die Erfahrung des in seinem Leib erfahrenen Schmerzes im Sinn haben: die ungerechte Verurteilung, die tiefste Erniedrigung, die Verlassenheit und die körperliche Qual der nie verheilten Wunden, durch die er immer das Verständnis des Vaters für uns erflehen wird. Und schließlich der Tod. Er hinterlässt uns die Unterweisung dessen, der Autorität hat: „Liebt eure Feinde und betet für die, die euch verfolgen."[80]

Mit der Himmelfahrt schließt Jesus also seine historische Erfahrung ab, die geographisch in Palästina und Umgebung angesiedelt ist: Er geht nicht irgendwo hin, sondern er beginnt eine neue Beziehung mit uns, wie seine Worte beteuern: *„Und siehe, ich bin mit euch alle Tage bis zum Ende der Welt"*,[81] und die auch versprechen, dass sie *„Kraft empfangen werden, wenn der Heilige Geist auf sie herabkommen wird"*.[82] Von nun an wird seine Präsenz eine andere, eine neue Präsenz sein. In der Tat lehrt der heilige Paulus, dass wir ihn nicht mehr dem Fleische nach[83], sondern dem Glauben und der Taufgnade nach kennen.

Die Kirche lebt nun im Licht dieser Verheißung und dieses Glaubens, um den Auftrag erfolgreich

[79] Vgl. Mt 6,26.28
[80] Vgl. Mt 5,44
[81] Mt 28,20
[82] Apg 1,8
[83] Vgl. 2 Kor 5,16

auszuführen, alle Völker zu Jüngern zu machen und sie zu taufen, damit sie in das trinitarische Gnadenleben eintreten, das Jesus uns als unvergleichliches Geschenk hinterlassen hat. Zu diesem Auftrag beizutragen ist die größte Ehre, die der Herr uns schenkt, und wir freuen uns, weil unsere Namen im Himmel verzeichnet sind! [84]

[84] Lk 10,20

INHALT

-50

Das Buch

Als großer epischer Erzähler hat Gabriel García Márquez Weltruhm erlangt. Aber er ist ein Aufklärer, dem auch die kleine Form, die Anekdote, als Instrument dient, dem Volk die Wahrheit zu sagen und den Herrschenden den Star zu stechen. Wenn Kriegsveteranen ihre Orden verpfänden müssen, um nicht zu verhungern, wenn ein Strafgefangener erst noch operiert wird, ehe er auf den elektrischen Stuhl kommt, und eine deutsche Tierfreundin von ihren fünfzehn Hunden aufgefressen wird, dann stimmt etwas nicht auf der Welt. García Márquez berichtet über Ereignisse aus dem Alltagsleben der kleinen Leute, zeigt sich als scharfer und engagierter Beobachter der Armut, setzt sich für hoffnungslose Fälle ein. So ist er, nicht nur was die sprachliche Meisterschaft angeht, auch in diesen frühen Texten schon ganz der spätere Schriftsteller.

Der Autor

Gabriel García Márquez, am 6. März 1928 in Aracataca (Kolumbien) geboren, schrieb zunächst Filmdrehbücher, dann Erzählungen, Romane und Reportagen. 1982 erhielt er den Nobelpreis für Literatur. Einige Werke: ›Laubsturm‹ (1955), ›Der Oberst hat niemand, der ihm schreibt‹ (1961), ›Hundert Jahre Einsamkeit‹ (1967), ›Die böse Stunde‹ (1974), ›Der Herbst des Patriarchen‹ (1977), ›Chronik eines angekündigten Todes‹ (1981), ›Bericht eines Schiffbrüchigen‹, ›Die Geiselnahme‹ (1982), ›Die Liebe in den Zeiten der Cholera‹ (1985), ›Der General in seinem Labyrinth‹ (1989).

